Kleine Schriften zum Recht KSR

Arthur Haefliger
Frank Schürmann

# Die Europäische Menschenrechtskonvention und die Schweiz

Kleine Schriften zum Recht KSR

Herausgegeben von

**Markus Müller / Pierre Tschannen**

Professoren an der Universität Bern

Stämpfli Verlag

Arthur Haefliger
a. Bundesrichter

Frank Schürmann
Prof. Dr. iur.

# Die Europäische Menschenrechtskonvention und die Schweiz

2. Auflage

Stämpfli Verlag

Bibliografische Information der Deutschen Nationalbibliothek
Die Deutsche Nationalbibliothek verzeichnet diese Publikation in der Deutschen Nationalbibliografie; detaillierte bibliografische Daten sind im Internet über http://dnb.d-nb.de abrufbar.



Gesamtherstellung:
Stämpfli Publikationen AG, Bern
Printed in Switzerland



Dieses Werk ist in unserem Buchshop unter
www.staempfliverlag.com erhältlich

ISBN Print 978-3-7272-1757-9
ISBN Judocu 978-3-0354-1167-6

MIX
Papier aus verantwortungsvollen Quellen
FSC® C016439
FSC www.fsc.org

# Vorwort zur zweiten Auflage

Anfang 2014 ist der Verlag Stämpfli mit der Frage einer Neuauflage des Handbuchs «Die Europäische Menschenrechtskonvention und die Schweiz» an mich herangetreten. Seit Erscheinen der zweiten Auflage dieses Buches im Jahr 1999 sind 15 Jahre vergangen, und eine Überarbeitung wäre sicher an der Zeit. Sie wäre allerdings mit einem Aufwand verbunden, der zurzeit nicht zu realisieren ist.

So sind der Verlag und ich übereingekommen, die von Arthur Haefliger im Jahr 2006 erschienene «Kleine Schrift zum Recht», welche den gleichen Titel trägt wie das Handbuch, in zweiter Auflage herauszubringen. Der Zeitpunkt dafür ist günstig; im November 2014 jährt sich zum vierzigsten Mal der Tag, an welchem die Schweiz die Europäische Menschenrechtskonvention ratifiziert hat.

Arthur Haefliger ist im November 2011 verstorben. Ich habe die Überarbeitung seiner «Kleinen Schrift» in bester Erinnerung an unsere frühere Zusammenarbeit und im Gedenken an die grosse Persönlichkeit, die er war, verfasst.

Aufbau und Stil der ersten Auflage wurden beibehalten. Die Strassburger Entwicklung wurde bis Ende August 2014 berücksichtigt.

Bern, im August 2014 — Frank Schürmann

# Inhaltsverzeichnis

# Abkürzungen

| | |
|---|---|
| aBV | frühere Bundesverfassung von 1874 |
| BGE | Amtliche Sammlung der Entscheidungen des Schweizerischen Bundesgerichts |
| BGG | Bundesgesetz über das Bundesgericht |
| BV | Bundesverfassung von 1999 |
| EMRK | Europäische Konvention zum Schutze der Menschenrechte und Grundfreiheiten |
| EGMR | Europäischer Gerichtshof für Menschenrechte |
| EuGRZ | Europäische Grundrechte-Zeitschrift |
| SR | Systematische Sammlung des Bundesrechts |
| ZP | Zusatzprotokoll |

# I. Entstehung und Entwicklung der Europäischen Menschenrechtskonvention

## 1. *Entstehung*

Nach dem Zweiten Weltkrieg wurde von verschiedener Seite der Schutz der Grundrechte des Menschen durch internationale Rechtsregeln gefordert. Damals stand die Welt noch unmittelbar unter dem Eindruck der schrecklichen Ereignisse, die sich in den Diktaturstaaten, besonders unter dem nationalsozialistischen Regime, abgespielt hatten. Abertausende waren gefoltert, ihrer Freiheit beraubt, wegen ihrer Rasse oder Gesinnung umgebracht worden. Ein allgemeiner Gedanke bewegte die Völker: Das darf sich nie wiederholen, gegen solche Untaten muss ein fester Damm errichtet werden. Die Vereinten Nationen (UNO) nahmen den Gedanken auf. Man erinnerte sich dabei der *Déclaration des Droits de l'homme*, welche die französische Nationalversammlung mitten in der Revolution im August 1789 annahm und die unter anderem das Recht auf Leben, die persönliche Freiheit, die Meinungs-, Presse- und Kultusfreiheit, das Eigentum und das Recht auf Widerstand gegen Unterdrückung garantierte. Etwas Ähnliches, angepasst an die moderne Zeit, sollte entstehen. Den Vorentwurf zu einer UNO-Menschenrechtscharta verfasste der Franzose René Cassin, Träger des Friedensnobelpreises 1968. Die UNO-Generalversammlung beschloss die «Allgemeine Erklärung der Menschenrechte» im Dezember 1948[1]. In der Präambel heisst es unter anderem, es müsse eine Welt geschaffen werden, in der die Men-

---

[1] Menschenrechte, Beck-Texte im dtv, 6. Auflage 2010 (im Folgenden zitiert: Menschenrechte, Beck-Texte) S. 5.

schen frei von Furcht und Not leben können, es sei wesentlich, die Menschenrechte durch die Herrschaft des Rechts zu schützen. Die Charta ist ein wichtiges Bollwerk, bietet aber für sich allein keinen hinreichenden Schutz. Das hat seinen Grund unter anderem darin, dass die Rechtsanschauungen der in den Vereinten Nationen zusammengeschlossenen Staaten zu unterschiedlich sind, als dass die Menschenrechte in der praktischen Anwendung der Charta umfassend abgeschirmt wären. Es bedurfte kontinentaler Konventionen, die den UNO-Schutz verstärken.

Auf europäischer Ebene war es eine private Gesellschaft, die Europäische Bewegung, die den Anstoss zum Erlass eines Menschenrechtspakts für unseren Kontinent gab. Auf deren Anregung hin nahm der Europarat die entsprechenden Arbeiten an die Hand. Materiell war unbestritten, dass die Konvention einen Katalog der gewährleisteten Grundrechte und Freiheiten enthalten müsse. In organisatorischer Hinsicht waren zwei Fragen umstritten. Es stand erstens zur Diskussion, ob nur ein Staat oder auch eine Privatperson befugt sein solle, sich über eine Verletzung der Konvention zu beklagen. Es war sehr wichtig, dass man die grosszügige Lösung wählte: Nicht nur jeder der Konvention angeschlossene Staat, sondern auch jede Einzelperson kann einen Verstoss gegen die Konvention geltend machen. Zweite umstrittene Frage: Soll man eine europäische Gerichtsinstanz schaffen, bei der man sich über eine Konventionsverletzung beschweren kann, oder soll die Aufgabe den Justizbehörden der Einzelstaaten überlassen sein? Auch in diesem Punkt war man nicht engherzig. Wer durch eine Konventionsverletzung betroffen ist, kann als letzte Instanz den Europäischen Gerichtshof für Menschenrechte in Strassburg anrufen. Die «Europäische Konvention zum Schutze der Menschenrechte und Grundfreiheiten» (EMRK)[2] wurde 1950 in Rom in feierlicher Sitzung von 13 Staaten unterzeichnet. Sie bestimmt, dass sie in Kraft tritt, wenn sie von zehn Staaten ratifiziert ist. 1953 war es so weit, die Konvention trat am 3. September dieses Jahres in Kraft. Es sei gleich hier beigefügt, dass das für unser Land nicht gilt, denn die Schweiz trat der Konvention erst später bei, für uns hat sie erst seit 1974 Geltung (hinten S. 5). Sie nennt in einem ersten Abschnitt (Art. 2 bis 18) die Rechte und Freiheiten, die sie verbürgt. Der zweite Abschnitt (Art. 19 bis 51) enthält die den Europäischen Gerichtshof betreffenden Regeln, der dritte (Art. 52 bis 59) verschiedene Bestimmungen, die sich zum Beispiel auf Vorbehalte oder die Kündigung beziehen. Die EMRK ist ein bedeutendes völkerrechtliches Abkommen. Es wird mit Recht gesagt, sie sei das mit Abstand effektivste System zum Schutz der Menschenrechte[3]. Soweit die Garantie reicht, sind die staatlichen Behörden einer supranationalen Kontrolle unterstellt, die allermeist durch Beschwerden von Privatpersonen ausgelöst wird. Nachdem man sich seit Jahren daran gewöhnt hat, dass «Strassburg» Entscheide nationaler Behörden überprüft, hält man diese Kontrolle nicht mehr für aussergewöhnlich. Als die EMRK geschaffen wurde, empfand man die Neuerung in Ländern wie der Schweiz nicht zu Unrecht als geradezu revolutionär.

---

2 SR 0.101; http://www.admin.ch/opc/de/classified-compilation/19500267/index.html; Menschenrechte, Beck-Texte S. 483.

3 Simma/Fastenrath, Menschenrechte, Beck-Texte, Einführung S. LI.

## 2. *Entwicklung*

Die EMRK hat sich seit ihrer Entstehung in verschiedener Hinsicht weiterentwickelt. Die Mitgliedstaaten schlossen mehrere Übereinkommen ab, die mit der Konvention in unmittelbarem Zusammenhang stehen. Zum Teil sind es Abkommen, die den Kreis der von der EMRK verbürgten Rechte erweitern und die man Zusatzprotokolle nennt. Mit anderen Abkommen, den Änderungsprotokollen, wurde die Konvention selbst teilweise revidiert (allgemein zu den Protokollen hinten S. 47 ff.). Von diesen Änderungsprotokollen seien hier bloss das Elfte und das Vierzehnte Protokoll erwähnt, welche 1998 bzw. 2010 in Kraft traten. Anfänglich waren Beschwerden in Strassburg bei der Europäischen Menschenrechtskommission einzureichen, die vor allem Zulassungsinstanz war. Nach dem Kommissionsentscheid beschäftigte sich das Ministerkomitee oder der Gerichtshof mit der Sache. Das System ist seit 1998 vereinfacht: Gemäss dem Elften Protokoll befasst sich einzig der Gerichtshof mit den Beschwerden, die in Strassburg eingereicht werden. Mit dem Vierzehnten Protokoll wurden weitere organisatorische Änderungen realisiert. Die wichtigste war die Einführung von Einzelrichtern (hinten S. 53). Die beiden Änderungsprotokolle tragen dem Umstand Rechnung, dass sich zahlreiche neue Staaten der Konvention anschlossen – heute sind es 47 Staaten – und dass die Zahl der gegen die meisten Staaten erhobenen Beschwerden im Lauf der Jahre immer weiter zunahm. Dies führt dazu, dass der Gerichtshof trotz der bereits verwirklichten Massnahmen nach wie vor überlastet ist (Statistik hinten S. 68 ff.). Es überrascht deshalb nicht, dass die Diskussion über die Reform des Gerichtshofs andauert.

## II. Die Schweiz und die EMRK

### *1. Beitritt der Schweiz*

Die Schweiz wurde erst 1963 Mitglied des Europarats, ein Beitritt zur EMRK kam erst von diesem Datum an in Frage. Es dauerte aber von da an noch mehr als zehn Jahre, bis die Konvention bei uns in Geltung trat. Weshalb wartete man so lange? Dem Beitritt standen Hindernisse im Wege. Die Bundesverfassung, die damals galt, enthielt die sog. konfessionellen Ausnahmeartikel. Den Jesuiten war jede Tätigkeit in Kirche und Schule verboten, die Einrichtung neuer und die Wiederherstellung aufgehobener Klöster oder religiöser Orden waren untersagt (Art. 51 und 52 aBV). Diese Vorschriften standen mit der in Artikel 9 EMRK gewährleisteten Religionsfreiheit in Widerspruch. Zudem hatten die Frauen damals im Bund noch kein Stimmrecht, was zumindest dem Sinn nach der Konvention zuwiderlief. 1971 wurde das Frauenstimm- und -wahlrecht auf eidgenössischer Ebene eingeführt, 1973 beschlossen Volk und Stände, die konfessionellen Ausnahmeartikel aufzuheben. Damit war der Weg für einen Konventionsbeitritt frei. Nicht alle waren dafür begeistert. Im Parlament machten die Gegner vor allem geltend, nach dem Beitritt würden sich ausländische Instanzen in unsere Angelegenheiten einmischen, was mit schweizerischer Tradition nicht vereinbar sei. Schon im Bund von 1291 sei bestimmt worden, dass man keine fremden Richter dulden wolle. Die Kritiker blieben in der Minderheit. Die

Bundesversammlung genehmigte die Konvention am 5. Oktober 1974. Das Volk hatte dazu nichts zu sagen. Das kann bei der Bedeutung, welche die EMRK im schweizerischen Rechtsleben hat, recht erstaunen. Nach heutigem Verfassungsrecht (Art. 141 Abs. 1 BV) unterstünde der Beitrittsbeschluss dem fakultativen Referendum. Nach damaligem Recht war das nicht der Fall, das Parlament konnte abschliessend entscheiden. Der damalige schweizerische Aussenminister Pierre Graber hinterlegte die schweizerische Ratifikationsurkunde am 28. November 1974 in Paris, an diesem Tag trat die Konvention für uns in Kraft.

## *2. Schweizerinnen und Schweizer in der Strassburger Rechtsprechung*

Die Zahl der Richterinnen und Richter des Europäischen Gerichtshofs entspricht derjenigen der Vertragsstaaten des Europarats (Art. 20 EMRK). Für jeden Staat wird ein Richter oder eine Richterin gewählt. Der erste Schweizer Richter war der Freiburger Professor Antoine Favre, ehemaliger Bundesrichter. Ihm folgte Frau Professor Denise Bindschedler-Robert, die an der Berner Universität lehrte. Ihr Nachfolger, Professor Luzius Wildhaber, gehörte dem Gericht von 1991 bis 2007 an und präsidierte es seit 1998. Ihm folgte Professor Giorgio Malinverni, der früher an der Genfer Universität tätig war. Er wurde seinerseits 2001 durch die heute amtierende Richterin, Frau Professor Helen Keller, die an der Universität Zürich lehrte, ersetzt. Als noch die Menschenrechtskommission Justizorgan war, präsidierte sie während mehrerer Jahre Professor Stefan Trechsel, der nach deren Aufhebung durch das Elfte Protokoll als Strafrechtsprofessor nach Zürich berufen wurde.

Das Fürstentum Liechtenstein ist seit 1998 durch Schweizer Juristen vertreten: Bis 2006 war es Professor Lucius Caflisch, früherer Rechtsberater des EDA, noch bis 2015 amtet Professor Mark E. Villiger für das Fürstentum.

### *3. Auswirkungen der Konvention auf das schweizerische Rechtsleben*

#### a) Kleiner Anfang – grosser Fortschritt

1974 betraten die Schweizer Juristen Neuland. Behörden und Anwälte mussten sich zunächst einmal mit dem neuen Recht vertraut machen. Das Bundesgericht tastete sich Schritt für Schritt zu einer EMRK-Praxis vor. 1978 wurde im Schweizerischen Jahrbuch für internationales Recht zum ersten Mal ein Bericht über die EMRK-Rechtsprechung publiziert. In den ersten Jahren erschienen in der Amtlichen Sammlung der Bundesgerichtsentscheide nur ein paar wenige EMRK-Urteile, seither sind es Dutzende von Entscheiden, welche die Konvention betreffen. Sie hat sich im Lauf der 40 Jahre ganz in das schweizerische Rechtsleben integriert und eine stets wachsende Bedeutung bekommen.

Aufgrund der Konvention musste die Schweiz einzelne Rechtsnormen aufheben oder abändern. Drei Beispiele: Nach Artikel 6 EMRK hat ein Angeklagter Anspruch darauf, von einem unabhängigen und unparteiischen Gericht beurteilt zu werden. Einzelne kantonale Strafprozessordnungen kannten die sogenannte Personalunion von Untersuchsrichter und urteilendem Richter: Derselbe Justizbeamte führte die Voruntersuchung und präsidierte nachher das urteilende Gericht. Nachdem der Gerichtshof in einem belgischen Fall eine gleichartige Ordnung als unzulässige Vorbefassung und Verletzung von Artikel 6 EMRK qualifiziert hatte, entschied das Bundesgericht, die Ordnung müsse geändert und die Personalunion aufgehoben werden. Ein zweites Beispiel einer von der EMRK veranlassten Gesetzesänderung betrifft das Zivilgesetzbuch: Dessen früherer Artikel 150 sah ein sogenanntes befristetes Eheverbot vor. Der Richter konnte im Scheidungsurteil dem schuldigen Ehegatten die Eingehung einer neuen Ehe für die Dauer von mindestens einem Jahr und höchstens zwei Jahren untersagen. Der Strassburger Gerichtshof entschied, das widerspreche Artikel 12 EMRK, der die Ehefreiheit garantiert. Der erwähnte Artikel wurde bei der Revision des Zivilgesetzbuches aufgehoben. Drittes Beispiel: Die frühere Gesetzgebung über die Direkte Bundessteuer sah vor, dass die Erben eines Verstorbenen, der Steuern hinterzogen hatte, nicht nur für den hinterzogenen Betrag, sondern auch für die Busse haften mussten, welche der Erblasser hätte bezahlen müssen, wenn die Widerhandlung noch zu seinen Lebzeiten aufgedeckt worden wäre. Der Gerichtshof sah darin eine Verletzung der Unschuldsvermutung; die betroffenen Bestimmungen wurden in der Folge aufgehoben. Die Konvention hatte nach dem Gesagten zur Folge, dass einzelne innerstaatliche Regeln aufgehoben oder angepasst werden mussten. Andere Vorschriften müssen anders ausgelegt werden, als es vor dem Inkrafttreten der EMRK geschah. Das wird sich gelegentlich bei der Behandlung der einzelnen Grundrechte zeigen, welche die Konvention verbürgt.

### b) Günstigkeitsprinzip

Meist ist ein Grundrecht in gleicher oder ähnlicher Form in der EMRK und in der Bundesverfassung gewährleistet. Um nur ein Beispiel zu erwähnen: Die Vereinigungsfreiheit findet sich in Artikel 23 BV und Artikel 11 EMRK. Mitunter geht der innerstaatliche Schutz weiter, gelegentlich jener der Konvention. Was ist in diesen Fällen massgebend? Artikel 53 EMRK bestimmt, die Konvention dürfe nicht so ausgelegt werden, als beschränke oder beeinträchtige sie innerstaatlich garantierte Grundrechte und -freiheiten. Damit ist das sogenannte Günstigkeitsprinzip ausgesprochen. Geht der Schutz der innerstaatlichen Norm weiter, ist sie massgebend, schützt die Konvention in weiter gehendem Mass, kann man sich auf sie berufen. Das Günstigkeitsprinzip gilt nicht nur im Verhältnis zwischen EMRK und innerstaatlichem Recht, es ist auch massgebend für die Relation zwischen EMRK und anderen internationalen Abkommen. Die Schweiz hat eine Reihe internationaler Übereinkommen abgeschlossen, die ihrerseits dem Schutz von Grundrechten dienen und im Verhältnis zu welchen das Günstigkeitsprinzip ebenfalls massgebend ist.

## III. Die von der EMRK verbürgten Rechte und ihre Ausprägung in der Praxis

### *1. Recht auf Leben*

Das höchste Rechtsgut des Menschen ist das Leben, und es leuchtet ein, dass die Konvention das Recht auf Leben an erster Stelle nennt (Art. 2). Niemand darf absichtlich getötet werden. Eine erste Ausnahme: Die Todesstrafe ist zugelassen, wenn sie von einem Gericht wegen eines Verbrechens verhängt wird, für das sie gesetzlich vorgesehen ist. Ein Zusatzprotokoll zur EMRK aus dem Jahr 1983 (Nr. 6) schliesst die Todesstrafe für Friedenszeiten aus. Es bindet die Staaten, die ihm beigetreten sind. Das sind heute mit Ausnahme von Russland alle Vertragsstaten der EMRK. Ein neueres Zusatzprotokoll aus dem Jahr 2002 (Nr. 13) schliesst die Todesstrafe generell aus, auch für Kriegszeiten; es ist seinerseits nur für die Staaten verbindlich, die sich ihm angeschlossen haben (heute 44 der 47 Vertragsstaaten der EMRK). Die Schweiz konnte ohne weiteres beiden Zusatzprotokollen beitreten. Bei uns gibt es im bürgerlichen Recht die Todesstrafe nicht mehr, seit das Schweizerische Strafgesetzbuch 1942 in Kraft trat. Im Militärstrafgesetz war sie noch für Kriegszeiten und Zeiten unmittelbar drohender Kriegsgefahr vorgesehen, doch sind die entsprechenden Vorschriften seit 1992 aufgehoben. In der Schweiz gibt es somit die Todesstrafe überhaupt nicht mehr. Weitere Ausnahme: Die Tötung wird nicht als Verletzung des Artikels 2 EMRK betrachtet, wenn sie durch eine Gewaltanwendung verursacht wird, die unbedingt erforderlich ist, um jemanden gegen rechtswidrige Gewalt zu verteidigen. Wenn zum Beispiel ein Terrorist mehrere Personen als Geiseln genommen, eine davon getötet hat und sich anschickt, weitere umzubringen, verstösst es nicht gegen Artikel 2 EMRK, den Geiselnehmer zu erschiessen, falls es nötig ist, um die übrigen Geiseln zu retten. Die Tötung wird ferner nicht als Konventionsverletzung betrachtet, wenn sie unbedingt nötig ist, um jemanden festzunehmen oder jemanden, dem die Freiheit rechtmässig entzogen ist, an der Flucht zu hindern. Es wurde beispielsweise nicht als konventionswidrig beurteilt, dass Polizisten auf einen Automobilisten schossen, der trotz Aufforderung nicht anhielt, sondern unter Gefährdung der umstehenden Personen versuchte, eine Strassensperre zu durchbrechen, wobei der Verdacht bestand, dass er ein Terrorist sei. Schliesslich ist eine Tötung nicht als Konventionsverletzung zu betrachten, wenn ein Aufruhr oder ein Aufstand niedergeschlagen werden muss. Artikel 2 bestimmt, der Eingriff müsse «unbedingt erforderlich» sein; damit ist zum Ausdruck gebracht, dass er stets nur als letztes Mittel erlaubt ist.

Stirbt eine Person im Verlauf einer Polizeiaktion, hat die staatliche Behörde den Hergang gründlich abzuklären. In einem Tessiner Fall verlor ein Mann, den die Polizei zu überwältigen suchte, das Bewusstsein und starb drei Tage später. Es wurde festgestellt, dass eine Kokainvergiftung die Todesursache war. Der Strassburger Gerichtshof beanstandete in seinem Urteil, es sei nicht untersucht worden, ob die Polizeiaktion die Bewusstlosigkeit und den Tod mitverursacht oder beschleunigt habe; auch gehe es nicht an, dass die nachträglichen Abklärungen vor Ort, etwa die Zeugenbefragungen, von den beteiligten Polizisten selbst durchgeführt wurden. Insoweit seien die näheren Umstände des Todes ungenügend abgeklärt und dadurch sei Artikel 2 EMRK verletzt worden. Ein weiterer Aspekt: Nach dem Wortlaut des Artikels 2 wird das Recht auf Leben gesetzlich geschützt. Das bedeutet, dass der Staat gehalten ist, Regeln zum Schutz des Lebens zu schaffen. Er muss auch dafür sorgen, dass der Schutz gegen Angriffe auf das Leben effektiv gewährt wird. Droht etwa eine gefährliche Organisation mit Überfällen, müssen die staatlichen Behörden dafür sorgen, dass das Leben der Personen im Gefahrenbereich geschützt wird. Gleiches gilt etwa für Personen im Strafvollzug, bei denen klare Hinweise auf ein Suizidrisiko bestehen. Die Beispiele zeigen, dass Artikel 2 nicht nur dadurch verletzt werden kann, dass staatliche Behörden etwas tun (in das Recht auf Leben eingreifen), sondern auch dadurch, dass sie etwas *nicht* tun. Man spricht in diesem Zusammenhang von positiven Pflichten zum Schutz des Lebens. Solche Pflichten können wie gesehen verfahrensrechtlicher (genaue Abklärung der Todesumstände) oder inhaltlicher Natur sein (Ergreifen von Schutzmassnahmen bei Gefährung des Lebens durch Dritte, etwa bei häuslicher Gewalt oder bei Verschmutzung der Umwelt, aber auch bei Gefährdungen durch Naturereignisse). Die Bedeutung dieser positiven Verpflichtungen, die im Übrigen auch bei anderen Konventionsgarantien relevant sind, hat in der Praxis des Gerichtshofs in den letzten Jahren stark zugenommen.

### 2. *Verbot der Folter sowie unmenschlicher oder erniedrigender Behandlung*

Artikel 3 EMRK, der in der Praxis des Gerichtshofs eine immer grössere Bedeutung einnimmt, verbietet drei Arten von Misshandlungen, die den betroffenen Menschen körperlich, oft auch seelisch schwer treffen und ihn in seiner Menschenwürde verletzen. Der Gerichtshof stellt für die Abgrenzung der drei Arten auf graduelle Kriterien ab. Die *Folter* ist der schwerste Eingriff. Man denkt dabei in erster Linie an Peinigungen, wie sie in Gefängnissen einzelner Staaten vorkommen. Dem Opfer werden absichtlich und auf grausame Art schwere Schmerzen zugefügt. Folter nahm der Strassburger Gerichtshof in einem Fall an, in dem ein Gefangener, dem die Hände hinter dem Rücken zusammengebunden worden waren, an den Armen hochgezogen wurde, und in dem Fall, in dem eine junge Frau in Polizeihaft vergewaltigt, während eines Verhörs brutal geschlagen und mit verbundenen Augen festgehalten wurde.

Auch bei der zweiten Art der verbotenen Misshandlung, der *unmenschlichen Behandlung*, werden dem Opfer absichtlich schwere physische oder psychische Leiden zugefügt, der Eingriff ist aber nicht so intensiv wie bei der Folter. Bei der Beurteilung der Massnahme kommt es in weitem Mass auf die Umstände des Falles an; die Dauer der Quälerei, die seelischen oder physischen Folgen, Geschlecht und Alter der betroffenen Person können eine Rolle spielen. Ein berühmtes Beispiel aus der frühen Praxis des Gerichtshofs ist die Staatenbeschwerde Irland gegen das Vereinigte Königreich (1979). Als bei den Unruhen in Nordirland Personen verhaftet wurden, versuchten die britischen Sicherheitsleute, von ihnen Auskünfte über politische Kampftruppen zu erhalten. Um zu dem Ziel zu kommen, zogen sie den Häftlingen Kapuzen über den Kopf, sie entzogen ihnen Schlaf und Nahrung, setzten sie schrillen Pfeiftönen aus und zwangen sie, in schmerzhafter Haltung aufrecht an einer Mauer zu stehen. Der Strassburger Gerichtshof qualifizierte diese Verhörmethoden damals als unmenschliche Behandlung, nicht als Folter, da nicht mit besonderer Grausamkeit schwere Leiden zugefügt worden seien, wie es für die Folter typisch ist. Diese Praxis ist heute überholt. Der Gerichtshof hat in jüngeren Urteilen Misshandlungen, welche er früher «nur» als unmenschlich oder erniedrigend angesehen hatte, als Folter qualifiziert.

*Erniedrigende Strafe oder Behandlung* ist die schwächste Form der von Artikel 3 verbotenen Eingriffe. Sie ist nicht im Wesentlichen dadurch gekennzeichnet, dass dem Opfer Schmerzen zugefügt werden, sondern dadurch, dass es schikaniert und in seiner Menschenwürde verletzt, gedemütigt wird. Der Gerichtshof hatte sich u.a. mit Fällen körperlicher Züchtigung von Kindern zu befassen. Er hielt eine von einem Gericht (der Insel Man) ausgesprochene Strafe für erniedrigend, die darin bestand, dass einem Schüler drei Rutenschläge auf das entblösste Gesäss verabreicht wurden. In schweren Straffällen kommt es vor, dass der Beschuldigte – vor allem bei Kollusionsgefahr – in strenger Einzelhaft gehalten wird. Besuche sind nur in ganz beschränktem Mass (Arzt, Geistlicher) erlaubt, Bücher, Zeitungen, Radio, Fernsehen sind ausgeschlossen. Eine solche Isolationshaft kann je nach den Umständen eine von Artikel 3 verbotene Massnahme sein. Die Rechtsprechung nimmt bei einer vollständigen sensoriellen und sozialen Absonderung eine Verletzung an.

Unabhängig davon, ob die Behandlung oder Strafe als Folter, unmenschlich oder erniedrigend qualifiziert wird – in jedem Fall muss die Intensität des Eingriffs eine, wie der Gerichtshof sagt, hohe Schwelle erreichen. Nicht jeder Eingriff in die körperliche oder geistige Integrität erreicht diese Schwelle. Das Erfordernis hängt damit zusammen, dass es sich bei Artikel 3 (wie auch bei Art. 2) um eine sog. absolute, notstandsfeste Garantie handelt. Einschränkungen von Artikel 3 sind unter keinen Umständen zulässig. Das hat der Gerichtshof immer wieder bestätigt, auch in Fällen, in denen mutmassliche Terroristen in einen Staat ausgeschafft werden sollten, in dem sie gefoltert, auf unmenschliche oder erniedrigende Art bestraft oder behandelt würden, oder in einem Entführungsfall, in dem die Polizei dem Entführer die Zufügung schwerer Schmerzen angedroht hatte, wenn er den Aufenthaltsort der Geisel nicht bekannt gebe.

Die Praxis des Gerichtshofs zu Artikel 3 EMRK hat sich, wie schon angedeutet, im Lauf der Jahre wesentlich weiterentwickelt. Im Vordergrund stehen Fragen aus den Bereichen Strafvollzug und Ausweisung/Auslieferung ausländischer Personen. Um nur einige Beispiele zu nennen: Haftbedingungen, bei denen der individuelle Lebensraum der Gefangenen auf 3 $m^2$ beschränkt ist, wurden als unmenschlich qualifiziert; ebenso eine lebenslängliche Freiheitsstrafe, wenn das anwendbare Recht keinerlei Möglichkeit der Überprüfung und damit potenziell der Freilassung vorsieht. Keinen Erfolg hatte in einem Schweizer Fall dagegen ein Beschwerdeführer, der mit einem Hungerstreik seine Freilassung erzwingen wollte und die entsprechende Weigerung der Behörden als unmenschlich gerügt hatte. Besondere Probleme stellen sich bei der Überstellung von Asylbewerbern in andere europäische Staaten, die, wie die Schweiz, dem Dubliner Abkommen beigetreten sind. Dieses sieht grundsätzlich vor, dass Asylbewerber in den Staat überstellt werden, in welchem sie zuerst einen Asylantrag gestellt hatten. In einem Fall betreffend Griechenland hat der Gerichtshof entschieden, die Verhältnisse, welche den Beschwerdeführer dort erwarten würden, seien derart, dass eine Überstellung als Verletzung von Artikel 3 qualifiziert werden müsste.

Wie das Recht auf Leben kann im Übrigen auch Artikel 3 positive Verpflichtungen der Behörden umfassen, geeignete Massnahmen zum Schutz vor Folter, unmenschlicher oder erniedrigender Behandlung oder Strafe zu ergreifen. Die Verletzung einer positiven Verpflichtung kann auch darin liegen, dass die Behörde Vorwürfe von Misshandlungen nicht mit der nötigen Sorgfalt abklärt. Eine grosse Zahl der Beschwerden, mit welchen sich der Gerichtshof heute unter Artikel 3 zu befassen hat, betrifft diesen Bereich.

### *3. Verbot der Sklaverei und der Zwangsarbeit*

Artikel 4 EMRK verbietet *Sklaverei und Leibeigenschaft.* Jemand behandelt einen anderen als Sklaven, wenn er über ihn wie ein Eigentümer verfügt. Ein Leibeigener muss auf fremdem Grund leben, hat dem Eigentümer (entgeltlich oder unentgeltlich) Dienst zu leisten und kann seine Rechtsstellung nicht selbständig ändern. Es wird wohl kaum vorkommen, dass es im Europa des dritten Jahrtausends eigentliche Sklaven und Leibeigene gibt, und der Strassburger Gerichtshof hatte sich denn auch, soweit zu ersehen, nur selten mit solchen Fällen zu befassen. Eigentliche Sklaverei hat er nicht festgestellt, dagegen war bei Hausangestellten, die schamlos ausgenützt wurden, und bei zur Prostitution verschleppten Frauen von «sklavenähnlichen Zuständen» die Rede.

Die Konvention verbietet ferner *Zwangs- und Pflichtarbeit,* d.h. Arbeit, die man nicht freiwillig übernimmt, sondern unter Androhung von Sanktionen zu leisten hat. In der Praxis waren vor allem Fälle zu behandeln, die am Rand des Geltungsbereichs des Artikels 4 lagen. Anwälte beklagten sich zum Beispiel über unzulässige Pflichtarbeit, weil sie im Strafverfahren als amtlicher Verteidiger oder in einem Zivilprozess als Offizialanwalt tätig sein mussten. Sie hatten keinen Erfolg, wobei der Gerichtshof erwog, wenn ein Anwalt seine

Praxis eröffne, wisse er, dass er solche Aufgaben zu übernehmen habe.

Die Konvention nennt einzelne Arbeiten, die nicht als unzulässige Zwangs- oder Pflichtarbeit gelten. Dienstleistungen militärischer Art fallen nicht unter das Verbot des Artikels 4, im Fall von schweren Notständen oder Katastrophen kann jedermann zur Hilfsarbeit aufgefordert werden, Arbeit, die zu den üblichen Bürgerpflichten gehört, zählt nicht als unzulässige Zwangs- oder Pflichtarbeit; wo es beispielsweise Geschworenengerichte gibt, kann man dazu verhalten werden, in einem Strafprozess als Geschworener zu amten, selbst wenn der Prozess längere Zeit dauert. Nicht als unzulässige Zwangs- oder Pflichtarbeit gilt auch die Arbeit, die Personen im Strafvollzug zu verrichten haben. Das hält Artikel 4 ausdrücklich so fest. Zurzeit ist eine Schweizer Beschwerde vor dem Gerichtshof hängig, in der geltend gemacht wird, die Verpflichtung zur Arbeit im Gefängnis über das ordentliche Pensionsalter hinaus sei als unzulässige Pflichtarbeit zu qualifizieren.

### 4. *Freiheit der Person*

Artikel 5 der Konvention gewährleistet ein Recht auf Freiheit und Sicherheit. Dass auch die Sicherheit erwähnt ist, hat wenig praktische Bedeutung. Im Wesentlichen schützt die Konventionsregel die persönliche Freiheit. Neben Artikel 6 gehört Artikel 5 in Beschwerdefällen zu den am meisten angerufenen. Er ist recht komplexer Art, und im Rahmen einer «Kleinen Schrift» kann nicht auf Einzelheiten eingegangen werden. Ein Überblick muss genügen.

Etwas obenhin gesagt, bietet die Konvention Schutz gegen ungerechtfertigten Entzug der Freiheit durch Festnahme, Haft, Straf- oder Massnahmevollzug, fürsorgerische Unterbringung. Die Beurteilung, ob die Freiheit tatsächlich *entzogen* oder aber nur beschränkt wurde – was für Artikel 5 nicht genügen würde –, kann im Einzelfall schwierig sein, so bei kurzfristigen Anhaltungen durch die Polizei oder bei Zwangsaufenthalten auf einem räumlich beschränkten Territorium. Der Gerichtshof hat in einem Schweizer Fall Ausreiseverbote gegen einen Beschwerdeführer mit Wohnsitz in Campione d'Italia, einer italienischen Enklave mit einer Grösse von ca. 1,6 $km^2$, nicht als Freiheitsentzug im Sinn von Artikel 5 gewertet, wohl aber die Einkesselung durch die britische Polizei von ca. 2000 Personen während 7 Stunden anlässlich einer Grossdemonstration im Zentrum von London.

Artikel 5 nennt die Fälle, in denen die Freiheit entzogen werden darf, abschliessend. Das ist – natürlich – zulässig, wenn jemand von einem Gericht zu einer Freiheitsstrafe oder einer freiheitsentziehenden Massnahme verurteilt wurde. Freiheitsentzug ist ferner erlaubt, wenn jemand eine rechtmässige gerichtliche Anordnung nicht befolgt oder wenn die Erfüllung einer gesetzlichen Pflicht erzwungen werden soll. Die zweite Variante enthält nicht etwa eine Generalklausel, die es der Behörde gestatten würde, einer Person die Freiheit zu entziehen, damit sie sich an die allgemeinen Regeln von Ruhe und Ordnung hält. Nur wenn das Gesetz ausdrücklich vorsieht, dass eine bestimmte Pflicht zwangsweise durchgesetzt werden kann, darf die Freiheit entzogen werden, sofern die Person vorher Gelegenheit hatte, die Pflicht freiwillig zu erfüllen. Der Gerichtshof sah einen auf diese Bestimmung abgestützten Freiheitsentzug beispielsweise als rechtmässig an in einem Fall, in dem ein als Hooligan verzeichneter Beschwerdeführer während 24 Stunden in Polizeigewahrsam gehalten wurde, weil er sich nicht an die Abmachung hielt, im Vorfeld des Fussballspiels die eigene Fangruppe nicht zu verlassen. Soweit es in der staatlichen Rechtsordnung vorgesehen ist, darf die Freiheit entzogen werden, wenn die Erziehung Minderjähriger zu überwachen ist oder sie der zuständigen Behörde vorzuführen sind. Der Entzug ist auch zulässig, um die Verbreitung ansteckender Krankheiten zu verhindern sowie gegenüber psychisch Kranken, Alkohol- oder Rauschgiftsüchtigen und Landstreichern. Die Massnahme kann auch getroffen werden, um unerlaubte Einreise zu verhindern, oder bei Personen, gegen die ein Ausweisungs- oder Auslieferungsverfahren im Gang ist.

Die grösste praktische Bedeutung hat der Schutz der persönlichen Freiheit im Strafverfahren. Eine Person darf in *Untersuchungshaft* gesetzt werden, wenn hinreichender Verdacht besteht, dass sie eine Straftat begangen hat. Der Verdacht muss «hinreichend» sein, d.h. konkrete Umstände müssen die Vermutung begründen, die Person habe die Straftat verübt; vage Mutmassungen und Gerüchte genügen nicht. Die Festnahme muss «rechtmässig» sein, und nach schweizerischem Recht ist vorausgesetzt, dass vom Beginn des Freiheitsentzugs an auch ein besonderer Haftgrund besteht: Die Verhaftung ist nur zulässig, wenn entweder die Gefahr der Flucht, der Beweisverdunkelung (Kollusion) oder der Wiederholung einer Straftat besteht. Eine Person kann ferner verhaftet werden, wenn es notwendig ist, um sie an der Begehung einer Straftat zu hindern (Präventivhaft). Das trifft zum Beispiel zu, wenn jemand gegenüber einem andern eine ernst zu nehmende Todesdrohung ausgesprochen hat.

Jede Person, die festgenommen oder deren Freiheit sonstwie entzogen ist, kann verlangen, dass bei Fortdauer des Freiheitsentzugs ein Gericht innerhalb kurzer Frist über dessen Rechtmässigkeit entscheidet und bei ungerechtfertigtem Entzug die Entlassung anordnet. Die Aufgabe ist einem Gericht übertragen, damit eine unabhängige Prüfung in einem justizförmigen Verfahren gewährleistet ist. Ob der Anforderung entsprochen wurde, es müsse binnen kurzer Frist entschieden werden, hängt von den Umständen des Falles ab. In einem Schweizer Fall wurde die Frist von einem Monat als zu lang bezeichnet. Wer auf unbestimmte Zeit verwahrt ist, kann verlangen, dass nach einer bestimmten Zeit geprüft wird, ob eine Entlassung in Frage kommt. Die Person, der die Freiheit in Verletzung der Konvention entzogen wurde, hat Anspruch auf Schadenersatz, bei Verletzung in den persönlichen Verhältnissen kann nach der Praxis auch Genugtuung verlangt werden.

Für den Untersuchungsgefangenen bestehen zusätzlich besondere Garantien. Er muss unverzüglich einem Richter oder einer andern mit richterlichen Aufgaben betrauten Person, auch Haftrichter genannt, zugeführt werden. Er befindet darüber, ob die Haft gerechtfertigt ist oder der Verhaftete freigelassen werden muss. Das Erfordernis war auch in verschiedenen Schweizer Beschwerdefällen Gegenstand der Prüfung, zu einer Zeit, als das Strafprozessrecht noch nicht vereinheitlicht war. Nach der heute geltenden Schweizerischen Strafprozessordnung kann nur das Zwangsmassnahmengericht die Untersuchungshaft anordnen. Die Vorführung vor den Haftrichter muss «unverzüglich» geschehen. Nach der Praxis ist anzunehmen, dass im Regelfall nicht mehr als drei Tage verstreichen dürfen. Die Untersuchungshaft darf natürlich nicht beliebig lang dauern. Der Verhaftete hat Anspruch auf ein Urteil innerhalb angemessener Frist oder auf Entlassung während des Verfahrens. Haftfälle müssen beschleunigt behandelt werden. Beim Entscheid, ob die Haftdauer noch angemessen ist, kommt es auf die Umstände des Falles an. In komplexen Fällen kann die Haft einige Monate dauern, ohne dass sie als übermässig zu qualifizieren wäre. Der Gerichtshof hat in zwei Schweizer Fällen – im einen ging es um eine komplexe Wirtschaftsstrafsache, im anderen um organisierte Kriminalität im Bereich der Drogendelinquenz – sogar eine Haftdauer von über 4 bzw. über 5 Jahren noch als konventionskonform angesehen.

Jeder Freiheitsentzug ist nur zulässig, wenn sein Zweck nicht auch mit milderen Massnahmen erreicht werden könnte. Das ist vor allem bei der Untersuchungshaft von Bedeutung. Hier sieht Artikel 5 ausdrücklich die Möglichkeit einer Freilassung gegen Sicherheitsleistung (Kaution) vor.

### *5. Gedanken-, Gewissens- und Religionsfreiheit*

Die Garantie der *Gedankenfreiheit* hat vor allem Abwehrfunktion. Die Gedanken sind frei, die Behörden dürfen den Bürgerinnen und Bürgern keine politischen oder religiösen Ansichten aufdrängen, keine politische Doktrin einhämmern.

Die *Gewissensfreiheit* bedeutet, dass der Private sein Handeln nach seinem Gewissen ausrichten darf. Ist es konventionswidrig, jemanden zu bestrafen, weil er aus Gewissensgründen

den Militärdienst oder einen Ersatzdienst verweigert? Die Strassburger Instanz hielt die Bestrafung für statthaft und stützte sich dabei unter anderem auf Artikel 4 Absatz 3 EMRK, wonach die Leistung von Militär- oder Ersatzdienst keine verbotene Zwangs- oder Pflichtarbeit ist. Es leuchtet ein, dass auch ein Steuerpflichtiger in Strassburg keinen Erfolg hatte, der die Bezahlung der Steuer mit der Begründung ablehnte, sie sei mit seinem Gewissen nicht vereinbar.

Nach dem Grundsatz der *Religionsfreiheit* darf niemand zu religiösen Handlungen gezwungen werden. Eine Schülerin oder ein Schüler einer öffentlichen Schule muss sich nicht am Schulgebet beteiligen, ein Beamter ist nicht verpflichtet, einen Amtseid abzulegen, er kann das Amtsgelübde wählen. Nach einem Urteil des Bundesgerichts darf in öffentlichen Schulen kein Kruzifix angebracht werden, da der Staat die Religionsneutralität zu wahren hat. Anders entschied die Grosse Kammer des Gerichtshofs in einem italienischen Fall: Das Kruzifix habe neben seiner religiösen auch eine traditionelle Bedeutung. Die Weiterführung einer solchen Tradition liege im Ermessen der Mitgliedstaaten. Solange mit dem Anbringen des Kruzifixes keine Verpflichtung zum Besuch des christlichen Religionsunterrichts verbunden sei, die schulische Umgebung auch für andere Religionen offen sei und keine Hinweise für Intoleranz oder indoktrinierende Praktiken vorlägen, ist der Ermessensspielraum, so die Grosse Kammer, nicht überschritten. Aus der Religionsfreiheit ergibt sich, dass religiöse Ansichten frei zum Ausdruck gebracht werden dürfen. Das gilt aber nicht unbeschränkt. Eine Genfer Primarlehrerin, die zum Islam übergetreten war, trug in der Schule ein nach ihrer Ansicht dem Koran entsprechendes Kopftuch. Die Genfer Behörde untersagte es, das Bundesgericht wies eine gegen diesen Entscheid erhobene Beschwerde ab, im Wesentlichen, wie im Tessiner Fall, wiederum unter Hinweis auf die Religionsneutralität der öffentlichen Schule. Eine dagegen in Strassburg eingereichte Beschwerde blieb ohne Erfolg. Der Gerichtshof führte unter anderem aus, wenn das Recht der Lehrerin, ihre Religionszugehörigkeit zu manifestieren, gegen den Anspruch der Schüler auf Wahrung des religiösen Friedens abgewogen werde, könne den Genfer Behörden kein Missbrauch des Ermessens vorgeworfen werden. So wurde auch in einem gleichartigen türkischen Fall entschieden. Das Gericht wies vor allem darauf hin, dass das Prinzip der Laizität des türkischen Staates, das mit der schweizerischen Religionsneutralität zu vergleichen ist, im Bereich der Grundrechte von erheblichem Wert sei. Auf dieser Grundlage wurden auch Beschwerden von Schülerinnen abgewiesen, die verpflichtet worden waren, an öffentlichen Schulen in der Türkei und in Frankreich im Unterricht das Kopftuch abzulegen. Weitergehend sah die Grosse Kammer des Gerichtshofs jüngst in einem französischen Beschwerdefall auch ein allgemeines Verbot, in der Öffentlichkeit die Burka zu tragen, als mit Artikel 9 vereinbar an. Ein vergleichbares Verbot erliess vor kurzem auch der Kanton Tessin.

Im Jahr 2009 haben Volk und Stände dem Minarettverbot zugestimmt (Art. 72 Abs. 3 BV). In seiner Botschaft hatte der Bundesrat darauf hingewiesen, dass ein solches Verbot mit der Religionsfreiheit, wie sie unter anderem in Artikel 9 EMRK geschützt ist, nicht vereinbar sei. Der Strassburger Gerichtshof hatte sich mit dieser Frage noch nicht zu befassen. Zwei Beschwerden, die unmittelbar nach der Volksabstimmung eingereicht wurden, wies er wegen fehlender Opfereigenschaft der Beschwerdeführer – eine Privatperson und eine Personenvereinigung – zurück. Beide hatten sich gegen das Verbot als solches gewehrt, ohne geltend zu machen, sie hätten ein Baugesuch gestellt und dieses sei gestützt auf die Verfassungsbestimmung abgewiesen worden (zum Erfordernis der Opfereigenschaft s. hinten S. 57 f.). Zu keinem Sachentscheid kam es, aus anderen Gründen, auch in einer anderen Schweizer Beschwerdesache: Eine Katholikin aus dem Kanton Luzern sah eine Verletzung von Artikel 9 darin, dass ihr der sogenannte partielle Kirchenaustritt (Austritt nur aus der staatskirchenrechtlichen Organisation, aber nicht aus der römisch-katholischen Kirche als Glaubensgemeinschaft) verwehrt worden war. Der Gerichtshof brauchte diese Sache nicht weiter zu verfolgen, nachdem das Bundesgericht der Beschwerdeführerin in einem späteren Urteil Recht gegeben hatte.

Einschränkungen der Religionsfreiheit müssen verhältnismässig sein. Im soeben genannten Fall sah das Bundesgericht die Praxis, wonach ein Austritt aus der Landeskirche zwingend auch den Austritt aus der Glaubensgemeinschaft als Ganzer zur Folge hat, als unverhältnismässig an. Mehr von historischem Interesse ist heute die Frage, ob jüdische Schülerinnen und Schüler Anspruch darauf haben, am Sabbat von der Schulpflicht dispensiert zu werden. Nach der Meinung des Bundesgerichts kommt es darauf an; wenn die Dispensation den Schulbetrieb nicht wesentlich stört, ist sie zu gewähren und hat das religiöse Anliegen den Vorrang.

Auf die Religionsfreiheit können sich nicht nur Private, sondern, wie gesehen, grundsätzlich auch religiöse Gemeinschaften berufen. Wird zum Beispiel eine religiöse Prozession verboten, kann sich die betroffene Kirchgemeinde aufgrund der EMRK dagegen beschweren.

### 6. *Freiheit der Meinungsäusserung*

Der Titel des Artikels 10 ist etwas zu eng. Der Schutz gilt allgemein der Kommunikation. Die Konvention garantiert neben der freien Meinungsäusserung auch das Recht, Informationen und Ideen ohne behördliche Eingriffe und ohne Rücksicht auf Staatsgrenzen zu empfangen und weiterzugeben. Die schweizerische Bundesverfassung gewährleistet in drei Artikeln (16, 17, 21) die Meinungs-, Medien- und Kunstfreiheit. Die EMRK macht diesen Unterschied nicht. Die Garantie der freien Meinungsäusserung gilt auch für Medien (Presse, Radio, Fernsehen) und die Kunst, umfasst zum Teil sogar die Freiheit der Wissenschaft (Art. 20 BV).

Der Strassburger Gerichtshof erklärte mit Recht, die Meinungsfreiheit sei eines der wesentlichen Elemente einer demokratischen Gemeinschaft und zudem eine wichtige Voraussetzung für die freie Entfaltung des Individuums.

Jedermann kann seine Meinung frei äussern. Das kann durch Wort, Schrift oder Bild geschehen. Der Schutz bezieht sich nicht nur auf gängige, sondern auch auf provozierende, schockierende und störende Äusserungen. Das ist, wie der Strassburger Gerichtshof erklärte, nötig, um den Pluralismus der Information zu sichern. Einzelne Beispiele: Deutsche Behörden entliessen eine Lehrerin wegen ihrer Aktivität in der kommunistischen Partei aus dem Dienst. Der Strassburger

Gerichtshof sah darin einen Verstoss gegen die EMRK, da die Lehrerin ihre Schüler nie indoktriniert und nie verfassungswidrige Thesen vertreten hatte. Im Rahmen eines Freiburger Kantonsjubiläums wurden in einer Kunstausstellung Bilder gezeigt, auf denen geschlechtliche Beziehungen, auch solche zwischen Mensch und Tier, dargestellt waren. Die Gemälde wurden eingezogen, und das Gericht in Strassburg beanstandete die Massnahme nicht, wobei es bemerkte, eine nationale Behörde könne besser entscheiden als eine internationale, was zum Schutz der Moral nötig sei. Ein Journalist erwähnte in einer Schweizer Zeitung einen geheimen Bericht, den unser Botschafter in Washington im Zusammenhang mit der Entschädigung der Banken an jüdische Personen an das Eidgenössische Departement für auswärtige Angelegenheiten (EDA) gesandt hatte. Der Journalist wurde wegen Veröffentlichung eines geheimen amtlichen Dokuments (Art. 293 des Strafgesetzbuches) bestraft. Der Strassburger Gerichtshof sah darin eine Verletzung der Pressefreiheit, mit der Begründung, der Eingriff sei in einer demokratischen Gesellschaft nicht notwendig (Art. 10 Abs. 2), ein Urteil, das in der Schweiz eine gewisse Kritik auslöste. Unser Land hat – zum ersten Mal – das Gesuch gestellt, die Sache sei an die Grosse Kammer des Gerichtshofs zu weisen (vgl. S. 63). Der zuständige Ausschuss hiess das Gesuch gut und die Grosse Kammer wies die Beschwerde des Journalisten schliesslich ab.

Weitere Beispiele belegen die praktische und aktuelle Bedeutung des Artikels 10 und geben einen Eindruck, wie der Strassburger Gerichtshof, teilweise in Abweichung der Würdigung durch die innerstaatlichen Gerichte, diese Bestimmung handhabt: Ein Journalist wurde im Bus auf dem Weg zu einer Parallelveranstaltung von Globalisierungsgegnern zum WEF in Davos («*Public Eye on Davos*») angehalten und wie alle anderen Passagiere an der Weiterfahrt gehindert. Der Gerichtshof liess das Argument, die Massnahme sei zum Schutz der öffentlichen Ordnung notwendig gewesen, nicht gelten, weil es bereits an einer ausreichenden gesetzlichen Grundlage fehlte, welche diese Beschränkung der Pressefreiheit vorgesehen hätte. Als unverhältnismässig sah der Gerichtshof das gegenüber der SRG ausgesprochene Verbot an, mit einer wegen Mordes verurteilten Insassin in der Strafanstalt Hindelbank ein Interview aufzunehmen. Als unverhältnismässig wurde auch ein Entscheid der Unabhängigen Beschwerdeinstanz für Radio und Fernsehen qualifiziert, welcher in dem Film eines Westschweizer Journalisten über die Rolle der Schweiz im Zweiten Weltkrieg eine Verletzung der Konzession gesehen hatte. Keinen Erfolg mit seiner Beschwerde hatte dagegen das *Mouvement raëlien*, eine sektenähnliche Verbindung, welche die Menschheit auf die Ankunft der Ausserirdischen vorbereiten will. Hintergrund des Streits bildete das Verbot eines Plakataushangs in der Stadt Neuenburg. Das Plakat enthielt unter anderem einen Hinweis auf die Internetseite der Vereinigung, auf welcher ihrerseits teilweise rechtswidrige oder gegen die guten Sitten verstossende Inhalte zu finden waren. Keine Verletzung erblickte der Gerichtshof in einem englischen Fall, in dem es um das Verbot politischer Werbung in Radio und Fernsehen ging. Beschwerdeführerin war eine Vereinigung, die sich für den Schutz der Tiere einsetzte. In einem früheren, durchaus vergleichbaren schweizerischen Fall hatte der Gerichtshof im Verbot der Ausstrahlung noch eine Verletzung von Artikel 10 gesehen. Zwei letzte Beispiele: Die Kündigung durch einen staatlichen Arbeitgeber, welcher die öffentliche Bekanntmachung von Missständen am Arbeitsplatz durch den gekündigten Arbeitnehmer vorausging, kann eine Verletzung von Artikel 10 darstellen. Noch nicht definitiv entschieden ist die Frage, unter welchen Umständen ein Internetprovider, der ein Nachrichtenportal betreibt, für ehrverletzende Kommentare der Leserschaft verantwortlich gemacht werden kann.

### *7. Versammlungs- und Vereinigungsfreiheit*

Nach der Konvention hat jede Person das Recht, sich mit andern zusammenzuschliessen und zu versammeln. Die *Vereinigungsfreiheit* gilt für auf Dauer angelegte Gemeinschaften, unbekümmert darum, ob sie als Verein oder anderswie organisiert sind. Es ist wichtig, dass politische Parteien zu diesem Kreis gehören. Die Konvention gewährleistet zudem ausdrücklich das Recht, Gewerkschaften zu gründen und ihnen beizutreten. Eine politische Partei darf nicht deshalb aufgehoben werden, weil sie die bestehende Rechtsordnung ändern will. Vereine, die rechtswidrige oder staatsgefährliche Ziele verfolgen, dürfen aber verboten und aufgelöst werden. Die Massnahmen müssen aber wie jeder Eingriff in die Menschenrechte ein öffentliches Interesse verfolgen und verhältnismässig sein. Das wurde verneint in einem Schweizer Fall, in dem die Genfer Behörden einen Verein wegen Verfolgen eines widerrechtlichen Zwecks – Hausbesetzungen – aufgelöst, diese Besetzungen allerdings zuvor während vieler Jahre toleriert hatten. Nach Auffassung des Gerichtshofs hätte es mildere Mittel gegeben, den widerrechtlichen Zustand zu beenden, als die Auflösung des Vereins. Bejaht wurde die

Verhältnismässigkeit dagegen im Fall der Aufhebung der früheren kommunistischen Partei in Deutschland. Hier war für den Gerichtshof entscheidend, dass die Partei Revolution und Diktatur anstrebe. Nicht anders wurde die Neugründung faschistischer Organisationen in Italien beurteilt.

Die Vereinigungsfreiheit (wie die Versammlungsfreiheit) darf für Angehörige der Streitkräfte, der Polizei und der Staatsverwaltung eingeschränkt werden. Die Zugehörigkeit zu einer extremen Partei darf beispielsweise einem Beamten verboten werden, wenn zu befürchten ist, er werde wegen der Parteizugehörigkeit seine Dienstpflicht oder das Amtsgeheimnis verletzen.

Die Freiheit hat auch einen defensiven Aspekt. Es ist im Allgemeinen nicht zulässig, jemanden zu einem Vereinsbeitritt zu zwingen, wie das etwa in Diktaturstaaten geschah und geschieht. Bei bestimmten Berufsgruppen kann eine Zwangsmitgliedschaft zulässig sein. Der Strassburger Gerichtshof beanstandete nicht, dass Ärzte dazu verhalten wurden, einer öffentlich-rechtlichen Ärztekammer beizutreten.

Die *Versammlungsfreiheit* umschreibt die Konvention als das Recht, sich frei und friedlich mit andern zu versammeln. Versammlungen, die einem gewalttätigen Ziel dienen, geniessen den Schutz der Konvention nicht. Versammlungen finden oft auf öffentlichem Grund statt. Sie dürfen einer Bewilligungspflicht unterstellt werden. Manifestationen auf öffentlichen Strassen und Plätzen mit starkem Verkehr dürfen untersagt werden, wobei der Grundsatz der Verhältnismässigkeit zu beachten ist. Es kommt vor, dass eine Organisation eine Gegendemonstration zu einer geplanten Versammlung ankündigt und Auseinandersetzungen in der Luft liegen. Das darf nicht ohne weiteres zu einem Verbot führen. Der Staat muss grundsätzlich Versammlungen gegen Störungen schützen. Wenn es voraussichtlich zu bedeutenden Gewalttätigkeiten kommen würde, kann aber ein Verbot gerechtfertigt sein.

### 8. *Keine Strafe ohne Gesetz*

Niemand darf wegen einer Handlung oder Unterlassung verurteilt werden, die zur Zeit ihrer Begehung nach innerstaatlichem oder internationalem Recht nicht strafbar war (Art. 7). Die Regel richtet sich in erster Linie an den Gesetzgeber, der keine rückwirkende Strafnorm schaffen darf. Ist ein bestimmtes Verhalten zur Zeit der Begehung nicht mit Strafe bedroht, darf man sich darauf verlassen, dass man nicht bestraft wird. Es wäre ganz ungerecht, jemanden trotz diesem Vertrauen zu bestrafen. Die Konventionsregel besagt auch, dass sich die Strafbarkeit aus einer Rechtsnorm ergeben muss, was die Römer mit dem Satz «*nulla poena sine lege*» zum Ausdruck brachten. Die Norm muss genügend bestimmt sein, sodass jedermann den Rahmen der Strafbarkeit erkennen kann. Die Konventionsregel richtet sich auch an den Richter. Er darf nicht auf dem Weg der Analogie sozusagen einen neuen Straftatbestand schaffen. Es ist nicht immer leicht, die erlaubte ausdehnende Auslegung einer Strafnorm von der verbotenen Analogie zu unterscheiden.

Nach Artikel 7 darf auch keine strengere als die zur Zeit der Tat angedrohte Strafe ausgesprochen werden. Wenn die anwendbare Strafnorm nach der Tat verschärft wurde, muss die frühere mildere Fassung angewandt werden.

Artikel 7 sieht eine Ausnahme vor. Er ist nicht massgebend, wenn ein Verhalten zur Zeit der Begehung zwar nicht durch eine bestimmte Strafnorm bedroht war, aber nach den von den zivilisierten Völkern anerkannten allgemeinen Rechtsgrundsätzen strafbar war. Die Ausnahme bezieht sich vor allem auf Verbrechen gegen die Menschlichkeit und Kriegsverbrechen.

### 9. *Recht auf Achtung des Privat- und Familienlebens*

Jede Person hat das Recht auf Achtung ihres Privat- und Familienlebens, ihrer Wohnung und ihrer Korrespondenz (Art. 8).

Die Privatsphäre ist geschützt, in der der Einzelne seine Persönlichkeit frei entfalten kann. Es ist wichtig, dass sich die Behörde nicht nur unzulässiger Eingriffe zu enthalten hat, sondern auch verpflichtet ist, die nötigen Vorschriften zum Schutz des Privat- und Familienlebens zu erlassen und dafür zu sorgen, dass sie angewandt werden (positive Verpflichtungen). Artikel 8 dient unter anderem dem Datenschutz. Erfährt eine Behörde Fakten aus der Privatsphäre, darf sie diese nicht ohne weiteres speichern, für unbeschränkte Zeit aufbewahren und für irgendwelche Zwecke verwenden. So hat der Gerichtshof die jahrelange Fichierung einer Person in einer polizeilichen Datenbank als «Prostituierte» als konventionswidrig angesehen; die betroffene Frau hatte bestritten, diese Tätigkeit je ausgeübt zu haben. Die sexuelle Sphäre ist geschützt. Homosexuelle dürfen nicht schikaniert werden. Hat jemand durch medizinischen Eingriff sein Geschlecht umwandeln lassen, muss er die Möglichkeit haben, sich in amtlichen Registern als Person des neuen Geschlechts eintragen zu lassen. In einer Schweizer Beschwerdesache leitete der Gerichtshof aus Artikel 8 zudem den Anspruch ab, dass die Kosten eines solchen Eingriffs von der Krankenkasse zu übernehmen seien, auch wenn im konkreten Fall die im innerstaatlichen Recht aufgestellten Voraussetzungen noch nicht erfüllt waren.

Ein anderer Aspekt: Im Kanton Genf wünschte ein in einer Pflegefamilie aufgewachsener Mann, dass am Leichnam eines Verstorbenen, von dem er vermutete, er sei sein Vater gewesen, ein DNA-Test durchgeführt werde. Die Genfer Behörden lehnten es ab, und das Bundesgericht kam dem Beschwerdeführer nicht entgegen. Es führte aus, das Recht auf Kenntnis der eigenen Abstammung sei nicht absolut, im konkreten Fall überwiege das Interesse des Verstorbenen an körperlicher Unversehrtheit, besonders wenn berücksichtigt werde, dass der Beschwerdeführer 67 Jahre alt sei. Der Strassburger Gerichtshof hiess seine Beschwerde gut und erklärte im Wesentlichen, das Recht auf Identität, von dem das Recht, die eigene Abstammung zu kennen, ausgeht, stelle einen wesentlichen Bestandteil des Begriffs des Privatlebens dar. Das erhebliche Interesse des Beschwerdeführers, die Identität seines Vaters zu kennen, überwiege jenes des Verstorbenen, wobei zu bedenken sei, dass die DNA-Probeentnahme ein relativ geringer Eingriff sei.

Die Überwachung von Gesprächen, vor allem Telefongesprächen, ist nur in engen Grenzen zulässig. In verschiedenen derartigen Fällen nahm der Strassburger Gerichtshof eine Konventionsverletzung mit der Begründung an, es habe die in Artikel 8 Absatz 2 erwähnte gesetzliche Grundlage gefehlt. Aus demselben Grund wurde die zwangsweise medizinische

Behandlung einer in eine psychiatrische Klinik eingewiesenen Person beanstandet. Zum Privatleben gehört der Kontakt mit andern Leuten. Strafgefangenen gegenüber dürfen Besuche beschränkt werden, doch ist dabei der Grundsatz der Verhältnismässigkeit zu beachten. In recht weiter Auslegung des Begriffs des Privatlebens wurde in einem Schweizer Fall auch der Wunsch eines militärdienstuntauglichen Diabetikers, Militärdienst zu leisten, und das Interesse, keinen Militärpflichtersatz leisten zu müssen, dem Schutzbereich des Artikels 8 unterstellt. Die Verpflichtung zur Leistung dieses Ersatzes hat der Gerichtshof dann als Verletzung des Diskriminierungsverbots angesehen (zu diesem Verbot hinten S. 44 ff.).

Zum Privatleben gehört auch die Entscheidung des Menschen, über den Zeitpunkt seines Todes selber bestimmen zu können. Der Gerichtshof hatte sich in zwei Schweizer Fällen mit der Frage zu beschäftigen, ob sterbewillige Personen aus Artikel 8 einen Anspruch ableiten können, auch ohne ärztliches Rezept Zugang zu dem todbringenden Mittel zu erhalten, das ihnen ein schmerzfreies Sterben ermöglicht. Die Frage scheint heute noch nicht abschliessend geklärt. Die erste Beschwerde wurde abgewiesen; im zweiten Fall hat der Gerichtshof eine Verletzung von Artikel 8 darin gesehen, dass das schweizerische Recht keine klare Regelung enthalte, unter welchen Umständen die ärztliche Abgabe des Mittels zulässig oder aber unzulässig ist.

Die *Wohnung* ist geschützt. Eine amtliche Haussuchung ist nur zulässig, wenn die in Artikel 8 Absatz 2 erwähnten Voraussetzungen erfüllt sind. Eine Haussuchung in einer geringfügigen Strafsache bezeichnete der Gerichtshof als unverhältnismässig. Die Konvention kann verletzt sein, wenn Personen in einer Gegend wohnen müssen, in der sie schädliche chemische Fabrikimmissionen oder übermässigen Fluglärm zu ertragen haben.

Auch die *Korrespondenz* steht unter dem Schutz der Konvention. Briefe dürfen nicht zensuriert oder zurückgehalten werden. Das gilt auch für E-Mails. Die Korrespondenz von Untersuchungs- und Strafgefangenen darf kontrolliert werden, aber verschiedentlich wurden solche Kontrollen beanstandet, weil es an einer gesetzlichen Grundlage fehlte.

Das *Familienleben* ist geschützt, und zwar auch dann, wenn die Ehegatten nicht zusammenleben. Die Familienbande können gelöst werden, wenn einem Familienglied die Einreise nicht gestattet oder wenn es ausgewiesen wird. Die Frage, ob eine Ausweisung zulässig ist, stellt sich oft, wenn der Ehemann straffällig wurde. In einem Schweizer Fall wurde ein mit einer Schweizerin verheirateter algerischer Staatsangehöriger, der wegen Raubes mit zwei Jahren Zuchthaus bestraft worden war, des Landes verwiesen. Er hatte sich nach seiner Straftat während Jahren wohlverhalten, seiner Ehefrau war nicht zuzumuten, ihm nach Algerien zu folgen. Er wandte sich an den Strassburger Gerichtshof. Dieser entschied, der Beschwerdeführer bilde keine erhebliche Gefahr für die öffentliche Sicherheit, die Ausweisung sei ein unverhältnismässiger Eingriff in das Recht auf Achtung des Familienlebens. Die in diesem Urteil aus dem Jahr 2001 vom Gerichtshof entwickelten Kriterien zur Abgrenzung der auf dem Spiel stehenden privaten und öffentlichen Interessen kamen in der Folge in zahlreichen weiteren, auch die Schweiz betreffenden Urteilen zur Anwendung. Die Praxis des Gerichtshofs ist von grosser praktischer Relevanz, nicht zuletzt mit Blick auf die Umsetzung der Ausschaffungsinitiative, die Volk und Stände 2010 angenommen haben.

Gelegentlich wird ein Kind aus Fürsorgegründen der elterlichen Obhut entzogen. In Scheidungsfällen wird ein Kind häufig dem einen oder andern Elternteil zugeteilt und das Besuchsrecht geregelt. Der Strassburger Gerichtshof hatte sich mit zahlreichen solchen Fällen zu befassen; er stellt dabei das Wohl des Kindes in den Vordergrund. Das Gleiche gilt bei internationalen Kindsentführungen. In diesem Bereich sind neben dem Artikel 8 EMRK auch die Bestimmungen eines anderen internationalen Abkommens, des Haager Übereinkommens über internationale Kindesentführungen, relevant. Das Verhältnis der beiden Instrumente wirft in der Praxis zum Teil schwierige Fragen auf.

### *10. Ehefreiheit*

Männer und Frauen haben das Recht, eine Ehe einzugehen und eine Familie zu gründen (Art. 12). Was die Eheschliessung angeht, verweist die Konvention zweifach auf das nationale Recht. Die Person muss in heiratsfähigem Alter sein, das die einzelnen Staaten festsetzen, ferner sind die innerstaatlichen Gesetze massgebend, die sich auf den Eheschluss beziehen. In der Schweiz ist man nach zurückgelegtem 18. Altersjahr heiratsfähig. Das Zivilgesetzbuch nennt (in Art. 95 und 96) Ehehindernisse. Es darf zwischen den beiden Partnern keine enge Verwandtschaft bestehen, sie müssen urteilsfähig und mit der Eheschliessung einverstanden sein. Wer schon verheiratet ist, kann keine Ehe schliessen. Die Konvention bezieht sich auf die Verbindung von Mann und

Frau. Gleichgeschlechtliche Partner können sich, wie der Gerichtshof auch in jüngeren Urteilen bestätigt hat, nicht auf sie berufen. Den einzelnen Staaten steht es anderseits frei, für solche Paare eine eheähnliche Institution zu schaffen. In der Schweiz besteht seit 2004 ein Bundesgesetz über die eingetragene Partnerschaft gleichgeschlechtlicher Paare. Wie schon erwähnt, konnte der Richter nach der frühern Fassung des Zivilgesetzbuches dem schuldigen Ehegatten im Scheidungsurteil die Eingehung einer neuen Ehe auf die Dauer bis zu zwei Jahren verbieten, eine Lösung, die mit der Konvention nicht im Einklang war. Strafgefangene können die eheliche Lebensgemeinschaft nicht aufnehmen. Es geht trotzdem im Allgemeinen nicht an, ihnen die Eheschliessung zu versagen. In Ausnahmefällen kann sich das Verbot rechtfertigen. Eine Person hat nach ihrer rechtlich anerkannten Geschlechtsumwandlung Anspruch darauf, mit einem Partner ihres frühern Geschlechts eine Ehe zu schliessen.

Artikel 12 gibt den Eheleuten das Recht, eine Familie zu gründen und Kinder zu adoptieren, wobei die einzelnen Staaten bestimmen können, unter welchen Voraussetzungen die Annahme an Kindesstatt zulässig ist.

## *11. Garantie eines fairen Gerichtsverfahrens*

Artikel 6 gewährleistet nicht ein materielles Freiheitsrecht, sondern ein gerechtes Gerichtsverfahren. Er ist wichtig und wird in der Praxis von allen Konventionsgarantien am meisten angerufen. Es kann hier nicht auf Einzelheiten der komplexen Vorschrift eingegangen werden, wie sie in Hunderten von Strassburger Entscheiden herausgearbeitet wurden. Der Artikel bezieht sich auf *Zivil- und Strafverfahren.* Der Strassburger Gerichtshof legt die Begriffe weit aus. Zu den zivilrechtlichen Streitigkeiten gehören zunächst jene, welche im klassischen Sinn als privatrechtlich gelten (z.B. Personen-, Familien-, Erb-, Sachen-, Obligationen-, Handels-, Gesellschafts-, Immaterialgüterrecht). Zudem gehören nach der Rechtsprechung Streitigkeiten vermögenswerten Charakters dazu, auch wenn sie nicht zivilrechtlicher Natur im strengen Sinn sind: Streitigkeiten aus dem Sozialversicherungsrecht, über Nutzung von Grundeigentum, in Enteignungssachen, über die Bewilligung gewerblicher Tätigkeit, über Pensionsansprüche ehemaliger Beamter. Der Begriff des Strafverfahrens wird ebenfalls autonom interpretiert. Nebenstrafrecht, militärisches Strafrecht, bestimmte Disziplinarfehler, Ordnungswidrigkeiten, Führerausweisentzug, Verfahren aus diesen Domänen gehören beispielsweise auch dazu.

Wohl die wichtigste Rolle im Rahmen des Artikels 6 spielt der Anspruch auf *Zugang* zu einem *Gericht*. Der Anspruch besteht wie erwähnt immer dann, wenn Zivil- und Strafsachen zu beurteilen sind. Beschränkungen des Zugangs sind nicht an sich unzulässig, sie müssen aber verhältnismässig sein. Das verneinte der Gerichtshof im Fall der Angehörigen eines Asbestopfers, deren Klagen das Gericht wegen Eintritts der Verjährung nicht prüfte. Der Gerichtshof sah als entscheidend an, dass nach geltendem Recht die Verjährung zu einem Zeitpunkt eintritt (konkret nach 10 Jahren), zu dem sich der Schaden noch gar nicht manifestiert hat.

Für einen Staat kann es einfacher sein, leichte Widerhandlungen, die häufig vorkommen, zum Beispiel Übertretungen im Strassenverkehr, oder einzelne besondere Zivilfälle einer Verwaltungsbehörde zur Beurteilung zu übertragen. Auch darin liegt eine Beschränkung des Zugangs; sie ist aber zulässig, wenn der Betroffene den Entscheid anschliessend bei einem Gericht anfechten kann. Dabei ist immer verlangt, dass das Gericht Tat- und Rechtsfragen frei prüfen kann. Der Richter muss *unabhängig*, d.h. nicht an irgendwelche Weisungen gebunden, und *unparteiisch* sein. Er soll unbefangen sein, wobei schon der Anschein der Befangenheit genügen kann, um ihn als befangen erscheinen zu lassen. Wie früher erwähnt, hielt es das Strassburger Gericht wegen des Anscheins der Befangenheit für unzulässig, dass ein Untersuchungsrichter später als Präsident des Gerichts amtet. Es entschied gleich, als ein Strafgericht von einem Richter präsidiert wurde, der vorher der Staatsanwaltschaft angehört hatte, als das Ermittlungsverfahren durchgeführt wurde, oder als ein Laienrichter in der Kassationsinstanz mitwirkte, der vorher als Journalist das erstinstanzliche Urteil in der Zeitung kommentiert hatte.

Artikel 6 verbürgt das Recht auf ein *Gerichtsverfahren*, das der Billigkeit, dem Grundsatz der *Fairness* entspricht. Was darunter zu verstehen ist, ist in der Konvention im Einzelnen dargelegt und von der Praxis konkretisiert worden. Verlangt ist zunächst Waffengleichheit. Es geht beispielsweise nicht an, dass in einem Zivilprozess nur eine Partei zu den für den Prozessausgang wesentlichen Gutachten Stellung nehmen kann oder in einem Strafverfahren der Staatsanwalt in einer Eingabe seinen Standpunkt vertreten darf, während sich der Angeklagte nicht dazu äussern und selber seine Argumente nicht vorbringen kann. Verlangt ist weiter ein ausreichend kontradiktorisches Verfahren. Der Gerichtshof hat aus Artikel 6 den Anspruch der Parteien abgeleitet, von allen Stellungnahmen, welche die Gegenpartei oder eine Behörde dem Gericht vorlegt, Kenntnis nehmen und sich dazu äussern zu können (sogenanntes Replikrecht). Diese Auslegung des Artikels 6 hat auch in der Schweiz zu Anpassungen der Praxis der Gerichte geführt.

Der Strassburger Gerichtshof befasste sich im Rahmen des Artikels 6 auch mit der Beweiswürdigung. Er hat zwar nicht zu prüfen, ob die Beweise im nationalen Verfahren richtig gewürdigt wurden, aber er hat zum Beispiel darin eine Konventionsverletzung gesehen, dass ein Gericht sein Urteil auf Aussagen stützte, zu denen der Angeklagte nicht hatte Stellung nehmen können. Er prüfte auch, ob ein Tonband oder die Aussage eines anonymen Zeugen im Einzelfall zulässige Beweismittel waren. Im Rahmen des Beweisverfahrens ist ferner wichtig, dass sich ein Angeklagter nicht zu den ihm gemachten Vorwürfen äussern muss, dass er schweigen darf. Im Zivil- und Strafverfahren hat ein Prozessbeteiligter Anspruch auf rechtliches Gehör: Er ist berechtigt, dem Gericht seine Sache vorzutragen, Beweise zu beantragen und seine Argumente darzulegen. Auch das erwähnte Replikrecht gehört dazu. Er kann Akteneinsicht verlangen und unter bestimmten Voraussetzungen die Beiordnung eines amtlichen Anwalts beanspruchen, falls er für die entsprechenden Kosten nicht selbst aufkommen kann. Nach der Beurteilung muss das Gericht den Prozessbeteiligten die Gründe angeben, die für sein Urteil massgebend waren.

Die Gerichtsverhandlung muss in Zivil- und Strafsachen *öffentlich* sein, und zwar nicht nur für die Prozessbeteiligten, sondern für die Allgemeinheit, auch für die Presse. Es ist der Zweck dieser Ordnung, dass die Justizbehörden unter öffentlicher Kontrolle tätig sind und die Medien über die Gerichtsverhandlungen berichten können. Der Grundsatz der Öffentlichkeit gilt dagegen nicht für die Beratung des Gerichts.

Presse und Publikum können nach der Konvention im Einzelfall während des ganzen oder eines Teils des Verfahrens ausgeschlossen werden. Das ist zum Beispiel zulässig, wenn Dinge zur Sprache kommen, die aus Gründen der Moral nicht öffentlich ausgebreitet werden sollen. Ein Ausschluss ist auch erlaubt, wenn eine massive Störung der Ordnung inner- oder ausserhalb des Gerichtsgebäudes zu befürchten ist, Interessen der Staatssicherheit oder Interessen der Jugendlichen im Spiel sind, was etwa in Jugendstrafverfahren der Fall ist. Zum Schutz des Privatlebens der Prozessbeteiligten kann der Ausschluss des Publikums nötig sein; es ist zum Beispiel klar, dass ein Scheidungsprozess nicht öffentlich verhandelt wird. Das Gericht darf schliesslich unter Ausschluss der Öffentlichkeit verhandeln, wenn andernfalls die Interessen der Rechtspflege beeinträchtigt würden. Exempel: Ein Zeuge würde Repressalien befürchten, wenn er vor dem Publikum aussagen müsste, und würde deshalb wichtige Fakten verschweigen. Prozessbeteiligte können ein Interesse daran haben, auf eine öffentliche Verhandlung zu verzichten. Tun sie es, so kann der Fall unter Ausschluss des Publikums verhandelt werden, wenn nicht gewichtige öffentliche Interessen dagegen sprechen.

Es muss nicht nur öffentlich verhandelt werden, das Urteil ist auch öffentlich zu verkünden. Nach der Rechtsprechung genügt es, wenn der Urteilstext in der Gerichtskanzlei von jedermann eingesehen werden kann.

Die Gerichte dürfen die Fälle nicht *verschleppen*. Sie müssen sie in angemessener Frist erledigen. Es ist klar, dass man nicht eine allgemeine Toleranzfrist festsetzen kann, man muss auf die Umstände des Einzelfalles abstellen. In erster Linie kommt es auf die Natur der Prozesssache an. Ein Warenhausdiebstahl kann natürlich rascher erledigt werden als komplexe Wirtschaftsstraffälle. Das Verhalten der Parteien kann ebenfalls bedeutsam sein. Eine Partei, die 17-mal eine Verschiebung verlangt hatte, beschwerte sich in Strassburg ohne Erfolg über Rechtsverzögerung. Es kommt vor, dass ein Fall nicht binnen angemessener Frist erledigt wird, ohne dass dem Gericht ein Vorwurf zu machen wäre. Manche Gerichte sind stark überlastet. Auch in einem Fall unverschuldeter Verzögerung heisst der Gerichtshof eine Beschwerde gut, wobei es dann Sache der politischen Behörden ist, für eine Entlastung des Gerichts zu sorgen. Ohne jede Kritik sei erwähnt, dass die in Strassburg hängigen Fälle auch nicht immer in angemessener Frist erledigt werden. Der Gerichtshof ist so stark überlastet, dass sich Verzögerungen nicht vermeiden lassen (s. Statistik hinten S. 68 ff.).

Ein ganz anderer Aspekt des Fairness-Gebots: Jede einer Straftat angeklagte Person gilt bis zum gerichtlichen Beweis der Schuld als unschuldig. Eine Behörde darf niemanden als Kriminellen bezeichnen, solange er nicht von einem Gericht rechtskräftig schuldig gesprochen wurde. Es ist Sache der Anklagebehörde, die Schuld zu beweisen, der Angeklagte muss nicht dartun, dass er die Tat nicht begangen hat. Bei der Beweiswürdigung gilt der Grundsatz der Unschuldsvermutung (in *dubio pro reo*, nicht in dubio torero, wie der Titel eines vergnüglichen Buches lautet). Im Zweifel ist zugunsten des Angeklagten zu entscheiden. Dürfen ihm bei Einstellung des Strafverfahrens oder bei Freispruch die Verfahrenskosten überbunden werden? Die Kostenauflage ist dann unzulässig, wenn das Gericht in der Begründung des Kostenentscheids direkt oder indirekt zum Ausdruck bringt, dass es den Angeklagten für schuldig hält, obschon es nicht zu einem gerichtlichen Schuldspruch kam.

Wie die Konvention im Einzelnen darlegt, gehört es zu einem fairen Strafverfahren, dass sich der Angeklagte wirksam verteidigen kann. Er muss in möglichst kurzer Frist in einer für ihn verständlichen Sprache über Art und Grund der gegen ihn erhobenen Beschuldigung unterrichtet werden. Nur wenn er klar weiss, was ihm vorgeworfen wird, kann er sich wirksam dagegen zur Wehr setzen. Die Behörde muss ihm genügend Zeit einräumen, um die Verteidigung vorzubereiten. Ein Verteidiger soll grundsätzlich frei mit seinem Klienten verkehren können. Angeklagter oder Verteidiger müssen die Möglichkeit haben, die für die Verteidigung wichtigen Beweismittel einzusehen. Der Angeklagte kann sich selber verteidigen oder einen Verteidiger seiner Wahl beiziehen. Ist er finanziell nicht in der Lage, die Kosten der Verteidigung aufzubringen, hat er das Recht, unentgeltlich den Beistand eines amtlichen Verteidigers zu erhalten, falls es im Interesse der Rechtspflege erforderlich ist. Bei offensichtlichen Bagatelldelikten ist die Offizialverteidigung im Allgemeinen nicht erforderlich. Der Angeklagte, der die Gerichtssprache nicht beherrscht, hat das Recht auf unentgeltlichen Beizug eines Dolmetschers, und zwar nicht erst in der Hauptverhandlung, sondern schon in der Voruntersuchung.

Im Beweisverfahren hat der Angeklagte das Recht, der Einvernahme von Belastungszeugen beizuwohnen und an sie Fragen zu stellen. Kann er beim Zeugenverhör nicht anwesend sein, ist er berechtigt, das Aussageprotokoll einzusehen und schriftlich Ergänzungsfragen zu stellen. Er kann ferner verlangen, dass Entlastungszeugen unter den gleichen Bedingungen vorgeladen und abgehört werden wie Belastungszeugen.

### *12. Recht auf wirksame Beschwerde; Diskriminierungsverbot*

Wer in von der Konvention anerkannten Rechten oder Freiheiten verletzt worden ist, hat das Recht, bei einer innerstaatlichen Instanz eine wirksame Beschwerde zu erheben (Art. 13). Die einzelnen Staaten sind verpflichtet, eine Beschwerde zur Verfügung zu stellen, mit der man sich über eine Konventionsverletzung beklagen kann. Das leuchtet ein. Eine Sache lässt sich oft innerstaatlich erledigen, wenn man sich mit einem nationalen Rechtsmittel beschweren kann; in solchem Fall ist es nicht mehr nötig, eine internationale Instanz zu bemühen. Der Strassburger Gerichtshof, der schon bei der aktuellen Ordnung überlastet ist, könnte seine Arbeit unmöglich bewältigen, wenn man sich in allen Fällen direkt an ihn wenden müsste, er also die einzige Instanz wäre, die sich mit EMRK-Beschwerden befasst. Die Konvention bestimmt Organisation und Verfahren der nationalen Instanz nicht im Einzelnen. Es ergibt sich aus der Natur der Sache, dass sie, auch wenn sie kein Gericht im Sinn des Artikels 6 sein muss, eine gewisse Unabhängigkeit und Unparteilichkeit aufweisen und Entscheidungsgewalt haben muss; es würde nicht genügen, wenn sie bloss Empfehlungen abgeben könnte. Sie muss auf die Kritik eingehen und den Sachverhalt gründlich abklären. Artikel 13 steht in einem gewissen Zusammenhang mit Artikel 35, wonach sich der Gerichtshof nur dann mit einer Sache befassen kann, wenn vorher die innerstaatlichen Rechtsbehelfe ausgeschöpft wurden. Es ist dabei vorausgesetzt, dass ein nationaler Rechtsbehelf, eine nationale Beschwerde, existiert. Zwei Beispiele aus der Praxis des Gerichtshofs geben einen Eindruck von der Bedeutung dieser Bestimmung: Eine Verletzung wurde bejaht, weil eine nationale Rechtsordnung kein innerstaatliches Rechtsmittel kannte, mit dem der Vorwurf, das Verfahren vor den Gerichten habe zu lange gedauert, hätte gerügt werden können. In anderen Urteilen hielt der Gerichtshof fest, ein Rechtsmittel gegen eine ausländerrechtliche Ausweisung, dem keine aufschiebende Wirkung zukommt, sei nicht «wirksam» im Sinn des Artikels 13, wenn der betroffenen Person im Empfangsstaat irreversible Schäden drohen (zur aufschiebenden Wirkung hinten S. 63 f.).

Artikel 14 der EMRK enthält ein *Diskriminierungsverbot*. Das ist nicht eine allgemeine Garantie der Rechtsgleichheit, wie sie in Artikel 8 der Bundesverfassung und – seit 2005 – im Zusatzprotokoll Nr. 12 enthalten ist (zu den Zusatzprotokollen vgl. anschliessend Ziff. 14). Artikel 14 EMRK bestimmt bloss, dass «der Genuss der in dieser Konvention anerkannten Rechte und Freiheiten» ohne Diskriminierung zu gewährleisten ist. Nur für den Genuss dieser Rechte gilt das Diskriminierungsverbot, es ist somit eine recht beschränkte Gleichheitsregel. Ein Beispiel: Als die Abtrennung des Jura vom Kanton Bern zur Diskussion stand, bekämpften sich Separatisten und probernische Organisationen. Es wäre eine unzulässige Diskriminierung im Sinn des Artikels 14 gewesen, wenn eine öffentliche Versammlung der einen Partei bewilligt, der andern verboten worden wäre. Der Gerichtshof nahm eine Verletzung in einem Fall an, in dem eine sprachliche Minderheit ohne sachlichen Grund schlechter behandelt wurde als die Mehrheit. Wenn ein sachlich wesentlicher Unterschied, ein triftiger Grund besteht, ist eine verschiedene Behandlung zulässig. Es lässt sich zum Beispiel rechtfertigen, das Recht der freien Meinungsäusserung einer Militärperson einzuschränken und ihr zu verbieten, Propagandaschriften, welche die militärische Disziplin untergraben, zu veröffentlichen, während sich eine Zivilperson nicht an diese Schranke halten muss.

Artikel 14 hat in der Praxis des Gerichtshofs im Lauf der Zeit eine immer grössere Bedeutung erlangt. Anwendungsbeispiele finden sich vor allem im Bereich des Privat- und Familienlebens (Art. 8 EMRK). So hatten verschiedene Beschwerdeführerinnen Erfolg mit der Rüge, eine gesetzliche Regelung, welche in einer Paarbeziehung die Adoption des Kindes des Partners zulasse, wenn die Beziehung heterosexueller, nicht aber, wenn sie homosexueller Natur ist, sei diskriminierend. In einem Schweizer Fall hiess der Gerichtshof die Beschwerde eines Konkubinatspaares gut: Der Konkubinatspartner hatte das Kind seiner Partnerin adoptiert; nach der Regelung im ZGB ist eine solche Adoption nur als sogenannte Einzeladoption möglich, mit der Folge, dass das Kindesverhältnis zur leiblichen Mutter erlischt. Das wäre nicht der Fall, wenn das Paar verheiratet gewesen wäre. Ein letztes Beispiel: Ein HIV-positiver Arbeitnehmer war von seinem privaten Arbeitgeber auf Druck von Arbeitskollegen entlassen worden.

Das war diskriminierend – dass die Krankheit des Beschwerdeführers ein triftiger Grund (z.B. eine Ansteckungsgefahr) gewesen wäre für die unterschiedliche Behandlung, hatten die innerstaatlichen Gerichte nicht nachweisen können.

### *13. Allgemeine Regeln für die Anwendung der Konvention*

Im Fall eines Krieges oder eines andern allgemeinen *Notstands* kann ein Staat Massnahmen treffen, die von den in der Konvention vorgesehenen Pflichten abweichen. Das ist nur zulässig, wenn es die Lage unbedingt erfordert. So hat es der Gerichtshof bespielsweise dem Vereinigten Königreich zugestanden, dass es sich nach den Ereignissen des 9. September 2001 in einer Situation befunden habe, welche «das Leben der Nation bedroht» (Art. 15 Abs. 1). Will ein Staat von der Möglichkeit der Abweichung Gebrauch machen, muss er es dem Sekretär des Europarats mitteilen und die Gründe dafür angeben. Er muss ihn auch orientieren, wenn die konventionswidrigen Massnahmen wegfallen. Bestimmte Rechte sind «notstandsfest», von ihnen darf auch im Fall eines Staatsnotstands nicht abgewichen werden (z.B. Folterverbot).

In einem Staat, der die Absicht hat, der Konvention beizutreten, können Gesetze existieren, die mit der EMRK nicht im Einklang sind, die der Staat aber trotzdem beibehalten möchte. Er kann beim Konventionsbeitritt (aber nicht mehr später) einen entsprechenden *Vorbehalt* anbringen, was zur Folge hat, dass der konventionswidrige nationale Erlass weiter bestehen kann. Es ist darauf nicht weiter einzugehen. Für die Schweiz spielen die Vorbehalte heute kaum mehr eine Rolle. Wesentliche Vorbehalte, welche die Schweiz zu Artikel 6 angebracht hatte, wurden zurückgezogen.

Artikel 1 hält ausdrücklich fest, dass die Vertragsstaaten die Garantien der EMRK «allen ihrer Jurisdiktion unterstehenden Personen» zusichern müssen. Auch ausländische Personen können sich auf die EMRK berufen. Soweit ihre politische Tätigkeit in Frage ist, dürfen sie jedoch in der Meinungs-, Versammlungs- und Vereinsfreiheit beschränkt werden (Art. 16). Nach der Praxis des Gerichtshofs gelten für solche Beschränkungen strenge Voraussetzungen. Man kann an Fälle denken, in denen Ausländer in der Schweiz gegen die Regierung ihres Heimatstaats agieren wollen und unser Land deswegen mit dem betreffenden Land in Schwierigkeiten geraten würde.

Die Konvention enthält in Artikel 17 ein *Missbrauchsverbot*. Man darf sich nicht auf die Konvention berufen, um in deren Schutz die Ordnung zu untergraben, welche die EMRK schützen will. Die frühere Kommunistische Partei (KPD) war in Deutschland verboten worden und beklagte sich deshalb wegen Verletzung der Vereinigungsfreiheit. Die Strassburger Instanz wies die Beschwerde ab und erklärte, die KPD strebe die Diktatur an, welche die von der Konvention gewährleisteten Rechte gefährden würde, sie missbrauche die Vereinigungsfreiheit.

## *14. Zusätzliche Abkommen und Protokolle*

Der Kreis der in der EMRK verbürgten Rechte ist im Lauf der Zeit durch sog. *Zusatzprotokolle* (ZP) erweitert worden. Sie gelten nur für die Staaten, die sie ratifiziert haben. Daneben gibt es Abkommen, mit welchen die Konvention selbst teilweise revidiert wurde, die sog. *Änderungsabkommen*. Sie treten in Kraft, wenn sie von allen der Konvention angeschlossenen Staaten angenommen sind. Auf sie ist nicht weiter einzugehen, da die entsprechenden Änderungen hier bei der Darstellung der Konvention berücksichtigt sind.

Es gibt sieben *Zusatzprotokolle*. An vieren ist die Schweiz nicht beteiligt, weshalb sie nur kurz erwähnt werden. Das 1. Protokoll enthält die Garantie des Eigentums und des Rechts auf Bildung; die Vertragsstaaten sind ferner verpflichtet, in angemessenen Abständen freie und geheime Wahlen abzuhalten. Das 4. Protokoll verbietet den Schuldverhaft (Inhaftierung des Schuldners, der seine Schulden nicht bezahlt) und gewährt ausländischen Personen einen bestimmten Schutz. Das 12. Protokoll statuiert ein allgemeines Diskriminierungsverbot. Das 16. Protokoll (das mangels einer ausreichenden Zahl von Ratifizierungen noch nicht in Kraft getreten ist), sieht die Möglichkeit vor, dass der Strassburger Gerichtshof auf Antrag eines nationalen Höchstgerichts ein Gutachten zu wichtigen Fragen der Auslegung der Konvention abgeben kann. Es ist hier nicht zu erörtern, weshalb die Schweiz diesen Abkommen bis jetzt nicht beitrat.

Protokolle, denen die Schweiz beigetreten ist: Vom 6. und 13. Protokoll, die sich auf die Todesstrafe beziehen, war schon früher die Rede (vorne S. 10). Das erstgenannte schafft die Todesstrafe grundsätzlich ab, lässt aber den Staaten die Möglichkeit, sie für Kriegszeiten vorzusehen. Das 13. Protokoll schafft die Todesstrafe vollständig ab. In der Schweiz ist sie ganz abgeschafft, weshalb wir den beiden Protokollen ohne weiteres beitreten konnten.

Das 7. Protokoll ordnet verschiedene Materien. Es bietet Ausländern in einem Ausweisungsverfahren Schutz. Eine ausländische Person, die sich rechtmässig in der Schweiz aufhält, darf nur aufgrund eines rechtmässig ergangenen Entscheids ausgewiesen werden, wobei ihr gestattet sein muss, sich zu verteidigen, ihren Fall prüfen und sich vertreten zu lassen. Ausnahmsweise ist die Ausweisung eines Ausländers zulässig, bevor er diese Rechte ausgeübt hat, nämlich dann, wenn es im Interesse der öffentlichen Ordnung oder der nationalen Sicherheit erforderlich ist. Eine andere Regel des Protokolls: Wer von einem Gericht wegen einer Straftat verurteilt worden ist, hat das Recht, das Urteil von einem übergeordneten Gericht nachprüfen zu lassen. Ausgenommen sind Fälle geringfügiger Art, Urteile, die vom obersten Gericht ausgesprochen wurden, sowie Fälle, in denen eine Person nach einem gegen ihren Freispruch eingelegten Rechtsmittel verurteilt wurde. Wenn jemand eine Strafe aufgrund eines Urteils verbüsst hat, das sich später als Fehlurteil erweist, hat er Anspruch auf Entschädigung. Das Zusatzprotokoll gibt ferner das Recht, wegen derselben Sache nicht zweimal vor Gericht gestellt oder bestraft zu werden. Das ist das alte strafrechtliche Verbot der Doppelverfolgung (*ne bis in idem*). Gelegentlich kann fraglich sein, ob «dieselbe Sache» zur Beurteilung steht. Wenn jemand betrügerisch Steuern hinterzieht und einerseits wegen Hinterziehung der kantonalen, anderseits wegen Hinterziehung der Bundessteuer verfolgt wird, handelt es sich nach der Ansicht des Bundesgerichts um unterschiedliche Straftaten. Noch nicht eindeutig entschieden ist die Frage, ob es mit dem Verbot der Doppelbestrafung vereinbar ist, wenn ein Autolenker wegen derselben Verfehlung sowohl vom Strafrichter (z.B. mit einer Busse) als auch von der Strassenverkehrsbehörde (z.B. mit dem Entzug des Führerausweises) sanktioniert wird. Das Verbot *ne bis in idem* schliesst die Wiederaufnahme (Revision) eines Verfahrens nicht aus, falls neue erhebliche Tatsachen bekannt werden. Die letzte Regel dieses Zusatzprotokolls: Bei der Eheschliessung, während der Ehe und bei Auflösung der Ehe haben die Ehegatten untereinander und in ihrer Beziehung zu ihren Kindern gleiche Rechte und Pflichten privatrechtlicher Natur: Gleichberechtigung der Ehegatten.

Zum Schluss ein Hinweis auf das «Europäische Übereinkommen über die an den Verfahren vor dem Europäischen Gerichtshof für Menschenrechte teilnehmenden Personen», das kein eigentliches Zusatzabkommen ist. Es sichert die Rechte der Personen, die an einem Verfahren in Strassburg beteiligt sind (Beschwerdeführer und ihre Vertreter, Vertreter des betreffenden Staats, Zeugen, Sachverständige).

### *15. Kündigung der EMRK*

Die EMRK enthält in Art. 58 auch eine Bestimmung über die *Kündigung*. Eine solche ist möglich, frühestens fünf Jahre, nachdem das entsprechende Land die Konvention ratifiziert hat, und mit einer Frist von sechs Monaten. Es versteht sich, dass eine Kündigung nur Wirkung entfalten kann für Handlungen, welche sich ereignet haben, nachdem die Kündigung wirksam geworden ist.

Bis heute hat erst ein Staat, Griechenland, die Konvention gekündigt. Das war 1969, unter dem Militärregime; das Land ist dann 1974 wieder beigetreten. In der Schweiz wurde die Frage der Kündigung im Anschluss an ein Urteil des Gerichtshofs zu Artikel 6 EMRK – das Urteil *Belilos* aus dem Jahr 1988 – diskutiert. Der Gerichtshof hatte hier die frühere auslegende Erklärung (Vorbehalt) der Schweiz zu Artikel 6 für ungültig erklärt. Ein parlamentarischer Vorstoss, der in der Folge die Option der Kündigung ins Spiel brachte, wurde dann aber, wenn auch knapp, abgelehnt. In jüngster Zeit befasste sich auch der Bundesrat mit der Frage: In Beantwortung einer Interpellation, in der die Frage nach Vor- und Nachteilen einer Kündigung gestellt wurde, hielt er fest, dass ein solcher Schritt aus politischen und aus juristischen Gründen nicht in Frage komme.

## IV. Europäischer Gerichtshof für Menschenrechte; Organisation und Verfahren

### *1. Organisation*

Wie es Artikel 19 festlegt, wurde ein ständiger Europäischer Gerichtshof geschaffen, um die Einhaltung der Konventionsregeln durch die Vertragsstaaten zu sichern. Die EMRK ist nicht nur ein schöner internationaler Text, an den sich die beteiligten Staaten halten können oder nicht. Bei Verletzung der Konvention kann sich die betroffene Person letztlich an eine europäische Gerichtsinstanz wenden, welche die Sache abklärt und verbindlich beurteilt. Praktisch ist das der wichtigste Teil des ganzen Abkommens.

Die Zahl der Richter entspricht der Zahl der Staaten, die Mitglied des Europarats sind. Zurzeit sind es 47. Für jeden Staat wird ein Richter gewählt. Wer kann Richter werden? Die Richter müssen hohes moralisches Ansehen geniessen und entweder die für die Ausübung hoher richterlicher Ämter erforderlichen Voraussetzungen erfüllen oder Rechtsgelehrte von anerkanntem Ruf sein (Art. 21). Die Richter «gehören dem Gerichtshof in ihrer persönlichen Eigenschaft an», was heisst, dass sie ganz unabhängig und nicht an Instruktionen des Staates gebunden sind, dem sie angehören. Die Richter sind in einem Vollzeitberuf tätig und dürfen während der Amtszeit keine Tätigkeit ausüben, die damit oder mit ihrer Unabhängigkeit und Unparteilichkeit unvereinbar wäre. Sie werden von der Parlamentarischen Versammlung des Europarats aufgrund einer Liste von drei Kandidaten gewählt, die der betreffende Vertragsstaat vorlegen lässt. Sie werden für neun Jahre gewählt, Wiederwahl ist nicht zulässig. Die Amtszeit der Richter endet mit Vollendung des 70. Lebensjahrs. Ein neues Änderungsprotokoll (Nr. 15, noch nicht in Kraft) sieht hier eine Änderung vor: Wer für das Amt des Richters kandidieren will, muss zum Zeitpunkt, an dem die erwähnte Dreierliste einzureichen ist, jünger als 65 Jahre sein. Ist Protokoll 15 einmal in Kraft, werden Richter künftig also auch über das siebzigste Altersjahr hinaus in Strassburg tätig sein können.

Das Gericht hat eine Kanzlei und wird durch wissenschaftliche Mitarbeiter unterstützt. Der Bestand der Mitarbeitenden hat sich über die Jahre massiv erhöht, Anfang 2014 waren ca. 650 Personen für den Gerichtshof tätig (davon 270 Juristen); sein Budget für 2014 beläuft sich auf 67'650'400 Euro.

Das Plenum des Gerichts trifft keine Justizentscheide, sondern hat organisatorische Aufgaben. Es wählt zum Beispiel den Präsidenten und zwei Vizepräsidenten des Gerichtshofs, die Präsidenten der Kammern des Gerichts, beschliesst die Verfahrensordnung und wählt Kanzler und Vizekanzler. Der Gerichtshof hat sich mit zwei Arten von Beschwerden zu befassen. Jeder Staat kann ihn anrufen und geltend machen, ein anderer Staat habe die Konvention verletzt. Solche *Staatenbeschwerden*, mit denen eine gegenseitige Kontrolle ausgeübt werden kann, wurden bis jetzt nur sehr selten eingereicht (s. auch hinten S. 55 f.). Jede natürliche Person, nichtstaatliche Organisation oder Personengruppe kann in Strassburg wegen Verletzung der Konvention Beschwerde erheben. Es sind diese *Individualbeschwerden*, die dem Gerichtshof die Hauptarbeit bringen.

Für Beschwerden, die in Strassburg eingehen, gibt es vier Arten von Spruchgremien:

1. Einzelrichter
2. Ausschüsse mit drei Richtern
3. Kammern mit sieben Richtern
4. Die Grosse Kammer mit 17 Richtern

Die Kompetenz der Einzelrichter, die erst seit 2010 tätig sind, beschränkt sich darauf, Individualbeschwerden für unzulässig zu erklären oder im Register zu streichen, wenn ein solcher Entscheid ohne weitere Prüfung getroffen werden kann. Der Entscheid ist endgültig. Die Einzelrichter beschäftigen sich mit den zahlreichen Beschwerden, die offensichtlich haltlos sind. 2013 und 2012 wurden auf diese Weise jeweils über 80'000 Beschwerden erledigt. Die Zahl macht gleich deutlich, dass die Einzelrichter gezwungen sind, auf eine ausführliche Begründung ihrer Entscheidungen zu verzichten – eine aus rechtsstaatlicher Sicht problematische Notwendigkeit.

Die Funktion der Einzelrichter wurde früher, vor 2010, von den Ausschüssen zu drei Richtern wahrgenommen. Auch diese Ausschüsse können Beschwerden nach wie vor für unzulässig erklären, das ist aber die Ausnahme. Praktisch wichtiger ist eine neue Kompetenz der Dreierausschüsse: Sie können Beschwerden auch für offensichtlich *begründet* erklären. Diese Vereinfachung hängt damit zusammen, dass sich der Gerichtshof mit vielen sogenannten Wiederholungsfällen zu befassen hat. Das sind Beschwerden, mit denen Verletzungen geltend gemacht werden, die in früheren gleichgelagerten Fällen bereits festgestellt wurden, deren Ursachen der beteiligte Staat aber noch nicht behoben hat. Auch diese Massnahme dient der Entlastung des Gerichtshofs.

Wird eine Beschwerde nicht von einem Einzelrichter oder einem Dreierausschuss für unzulässig (bzw. von einem Dreierausschuss für begründet) erklärt, entscheidet darüber eine *Kammer*. Sie entscheidet, ob auf die Beschwerde einzutreten und ob sie bejahendenfalls gutzuheissen ist. Stellt sich in einer bei einer Kammer hängigen Beschwerdesache eine schwierige Frage der Auslegung der Konvention, oder kann der zu treffende Entscheid zu einer Abweichung von einem frühern Urteil des Gerichtshofes führen, so kann die Kammer die Sache an die *Grosse Kammer* abgeben. Das ist aber nur zulässig, wenn keine Partei widerspricht – eine Regelung, von der man sich fragen kann, ob sie sehr sinnvoll ist. Das bereits erwähnte Protokoll Nr. 15 sieht denn auch vor, dass dieses Vetorecht abgeschafft wird.

Gibt eine Kammer eine Sache an die Grosse Kammer ab, entscheidet diese als einzige Instanz. Es gibt auch Fälle, in denen die Grosse Kammer gewissermassen als zweitinstanzliches Gericht, als eine Art Berufungsgericht, entscheidet: Hat eine Kammer ein Urteil ausgesprochen, so kann in Ausnahmefällen jede Partei den Antrag stellen, die Sache sei an die

Grosse Kammer zu verweisen. Ein Ausschuss von fünf Richtern der Grossen Kammer entscheidet über einen solchen Antrag und nimmt ihn an, wenn die Beschwerdesache eine schwierige Frage der Auslegung der Konvention oder eine schwerwiegende Frage von allgemeiner Bedeutung aufwirft. In diesem Fall entscheidet die Grosse Kammer durch Urteil, welches natürlich anders ausfallen kann als das vorangegangene der Kammer. In Schweizer Beschwerdefällen wurden bisher 19 solcher Anträge gestellt, 11 Mal durch die Regierung, 8 Mal durch die beschwerdeführende Partei. Davon wurden 7 Anträge angenommen (5 der Regierung, 2 der Beschwerdeführer); 12 Anträge wurden abgelehnt (je 6).

## 2. *Verfahren vor dem Europäischen Gerichtshof für Menschenrechte*

### a) Beschwerdearten; Anforderungen an eine Beschwerde

Wie erwähnt, kennt die EMRK eine Staaten- und eine Individualbeschwerde. Ein Staat kann in Strassburg gegen einen andern Vertragsstaat Beschwerde einlegen, wenn er der Meinung ist, dieser habe die Konvention verletzt. Es ist nicht nötig, dass der betreffende Staat in eigenen Interessen verletzt ist oder behauptet, es seien eigene Staatsangehörige in ihren Rechten betroffen. Jede Verletzung der EMRK kann Gegenstand einer *Staatenbeschwerde* bilden. So beschwerten sich zum Beispiel seinerzeit Frankreich, Norwegen, Dänemark, Schweden und die Niederlande über die Türkei, indem sie der damaligen Militärregierung zum Vorwurf machten, sie halte sich nicht an die EMRK. Ein anderes Beispiel wurde vorne bei Artikel 3 erwähnt (Irland gegen das Vereinigte Königreich, vorne S. 13), ein drittes, aus jüngster Zeit, sind zwei Staatenbeschwerden, welche Georgien gegen Russland im Zusammenhang mit dem bewaffneten Konflikt zwischen den beiden Staaten erhoben hatte. Staatenbeschwerden sind wie erwähnt sehr selten. Es gelten für sie einzelne besondere Verfahrensregeln, auf die hier nicht einzugehen ist.

In der Praxis kommt der *Individualbeschwerde* die weitaus grössere Bedeutung zu. Sie steht natürlichen Personen und bestimmten Gemeinschaften zu, um sich gegen die Verletzung von Konventionsrechten zur Wehr zu setzen.

Jede *natürliche Person* kann Beschwerde führen, Alter, Geschäftsfähigkeit, Staatsangehörigkeit spielen keine Rolle. Neben dieser Parteifähigkeit ist wesentlich, wer in Strassburg handeln kann, d.h. prozessfähig ist. Der Gerichtshof ist in dieser Hinsicht grosszügig, er nimmt auch Beschwerden entgegen, die von Minderjährigen oder Urteilsunfähigen erhoben werden. Neben den natürlichen Personen können *nichtstaatliche Organisationen und Personenvereinigungen* Beschwerde einlegen. Man kann zum Beispiel an Vereine, Aktiengesellschaften, politische Parteien und Gewerkschaften denken. Es ist nicht erforderlich, dass die Organisation oder Vereinigung in dem betreffenden Staat den Status einer juristischen Person hat.

Wer sich in seinen Rechten verletzt fühlt, kann die Beschwerde selber einreichen oder durch einen Anwalt einreichen lassen. Es ist möglich, dass sich ein Beschwerdeführer an den Gerichtshof wendet, seine Sache aber nicht selber richtig vertreten kann und finanziell nicht in der Lage ist, einen Anwalt beizuziehen. In einem solchen Fall kann ihm das Gericht einen unentgeltlichen Rechtsbeistand bewilligen. Das ist aber nur möglich, wenn es für die ordnungsgemässe

Erfüllung der Aufgaben des Gerichtshofs wesentlich ist (Art. 91 ff. der Verfahrensordnung des Gerichtshofs[4]).

Das Gericht kann auf eine Beschwerde nur eingehen, wenn der Beschwerdeführer behauptet, er selber sei in einem in der Konvention oder einem Zusatzprotokoll garantierten Recht verletzt worden. Es ist mithin vorausgesetzt, dass er *Opfer* der Konventionverletzung ist, die EMRK kennt also keine Popularbeschwerde (*actio popularis*). Deshalb ist bei Beschwerden gegen gesetzliche Vorschriften im Allgemeinen verlangt, dass ein Vollzugsakt ergangen ist. Eine Schweizer Beschwerdeführerin beanstandete in Strassburg eine kantonale Strafbestimmung, die ein Vermummungsverbot für öffentliche Demonstrationen vorsieht. Sie hatte keinen Erfolg. Zur Begründung des ablehnenden Entscheids wurde erklärt, es sei nicht dargetan, inwieweit die Beschwerdeführerin durch die Strafbestimmung mehr als irgendwer betroffen sein könnte. Gleich erging es einer Organisation und einer Einzelperson, welche sich gegen das mit der Volksabstimmung vom November 2009 in Kraft getretene Verbot des Baus von Minaretten zur Wehr gesetzt hatten. Sie hatten nicht geltend gemacht, ein Baugesuch gestellt zu haben. Ausnahmsweise sind auch Personen legitimiert, die bloss mittelbar betroffen sind, zum Beispiel die Ehefrau, die sich darüber beklagt, dass ihr Gatte in eine psychiatrische Klinik eingewiesen wurde. Es muss ein *Interesse* an der Anfechtung des nationalen Entscheids bestehen. Ein freigesprochener Angeklagter kann sich

---

4 SR 0.101.2; http://www.echr.coe.int. Diese offizielle Webseite des Gerichtshofs führt unter der Rubrik «Requérants» bzw. «Applicants» zu detaillierten Informationen auch in anderen Sprachen, u.a. Deutsch, die für Beschwerdeführer nützlich sind (darunter auch das offizielle Beschwerdeformular).

zum Beispiel nicht über die Verletzung von Verfahrensvorschriften beklagen, er ist nicht (mehr) beschwert.

Für die Beschwerde bestehen *Formvorschriften*, die in der Verfahrensordnung des Gerichtshofs enthalten sind. Die Beschwerde ist schriftlich einzureichen und zu unterzeichnen. Sie muss enthalten: Namen, Alter, Beruf und Adresse des Beschwerdeführers, gegebenenfalls Namen, Beruf und Adresse des Vertreters, Angabe des Staats, gegen den sich die Beschwerde richtet, kurze Darstellung des Sachverhalts, der behaupteten Konventionsverletzung und der entsprechenden Begründung, Angaben über Ausschöpfung des nationalen Instanzenzugs und über Einhaltung der Beschwerdefrist. Die Beschwerde kann in Englisch, Französisch und in der Amtssprache des betreffenden Mitgliedstaats des Europarats abgefasst sein.

Artikel 35 EMRK nennt die *Zulässigkeitsvoraussetzungen*. Wer in Strassburg Beschwerde führen will, muss vorher die *innerstaatlichen Rechtsmittel ausgeschöpft* haben. Das heisst: Der Beschwerdeführer muss diejenigen nationalen Rechtsbehelfe eingesetzt haben, mit denen die Konventionsverletzung beanstandet werden kann. In den Kantonen gibt es unterschiedliche Rechtsbehelfe, und auf eidgenössischer Ebene existieren Rechtsmittel, die sich für eine Rüge der Konventionsverletzung eignen oder dafür nicht taugen. Einzelheiten müssen hier auf sich beruhen. Zur Ausschöpfung gehört weiter, dass man im nationalen Verfahren diejenigen Rügen vorbringen muss, die man später in Strassburg geltend machen will. Beklagt sich zum Beispiel ein Journalist im nationalen Verfahren einzig darüber, die Behörde habe ihm das rechtliche Gehör verweigert, und hat er damit keinen

Erfolg, so kann er später in Strassburg nicht erstmals den Vorwurf erheben, er sei zu Unrecht in seinem Recht auf freie Meinungsäusserung beschränkt worden. Im Übrigen sind im nationalen Verfahren nicht nur die Rechtsmittel im engern Sinn einzusetzen, sondern alle prozessualen Mittel, mit denen man sich über eine Konventionsverletzung beklagen kann. Der Gerichtshof befolgt in diesem Bereich freilich keine strenge Praxis, er wendet die Regel, wonach die nationalen Rechtsbehelfe auszuschöpfen sind, ohne übertriebenen Formalismus an und lässt es zum Beispiel genügen, wenn eine Rüge im nationalen Verfahren nur sinngemäss erhoben wurde.

Eine Beschwerde muss innerhalb einer *Frist* von sechs Monaten nach der endgültigen innerstaatlichen Entscheidung eingereicht werden. Hier sieht das in anderem Zusammenhang erwähnte Protokoll Nr. 15 eine weitere Änderung vor: einmal in Kraft, wird die Frist nur noch vier Monate betragen. Wird der Entscheid zugestellt, beginnt die Frist am Tag der Zustellung.

Der Gerichtshof befasst sich nicht mit einer *anonymen* Beschwerde oder mit einer solchen, die im Wesentlichen mit einer vom Gericht schon vorher geprüften Beschwerdesache übereinstimmt; es soll die gleiche Sache nicht zweimal behandelt werden. Unzulässig sind Eingaben, die schon einer andern internationalen Organisation unterbreitet wurden. In einer vielleicht nicht ganz leicht verständlichen Formulierung bezeichnet die Konvention eine Beschwerde als unzulässig, die mit der Konvention oder den zugehörigen Protokollen *unvereinbar* ist. Das trifft zum Beispiel zu, wenn sich jemand über die Verletzung eines Rechts beklagt, das in der Konvention gar nicht gewährleistet ist, wenn sich jemand beschwert, der dazu nicht berechtigt ist (staatliche Organisation; Steueramt, Gemeinderat), oder wenn sich die Beschwerde gegen einen Staat richtet, welcher der EMRK nicht angeschlossen ist. Eine Beschwerde ist ferner unzulässig, wenn das Beschwerderecht missbraucht wird, und am wichtigsten ist die am häufigsten angewandte Regel, dass eine «offensichtlich unbegründete» Beschwerde als unzulässig erklärt wird. Das ist der Fall, wenn es nicht den geringsten Anschein einer Verletzung von Konventionsrechten gibt. In einer vielleicht etwas weiten Auslegung der Vorschrift bezeichnet der Gerichtshof auch eine Beschwerde als unzulässig, die nicht schon nach erstem Anschein, sondern erst nach einer nähern Prüfung als klarerweise unbegründet erscheint. Der Gerichtshof kann eine Beschwerde schliesslich auch dann für unzulässig erklären, wenn dem Beschwerdeführer *kein erheblicher Nachteil* erwachsen ist. Dieser nachträglich eingeführte Unzulässigkeitsgrund ermöglicht es dem EGMR, Bagatellfälle zurückzuweisen, getreu dem Rechtssprichwort: *de minimis non curat praetor*. Ein Beispiel: Ein deutscher Gymnasiallehrer beschwerte sich in Strassburg über die Dauer eines Gerichtsverfahrens, in dem er um einen finanziellen Beitrag an die Kosten eines Medikaments stritt, für das er 7.99 Euro ausgegeben hatte. Der Gerichtshof erklärte die Beschwerde mangels eines erheblichen Nachteils für unzulässig; der Vorwurf der überlangen Verfahrensdauer war damit nicht mehr zu prüfen.

Unzulässigkeitsentscheide werden, wie früher ausgeführt, in der grossen Mehrheit durch die Einzelrichter gefällt. Ausnahmsweise können aber auch die Dreierausschüsse, die

Kammern und sogar die Grosse Kammer eine Beschwerde für unzulässig, insbesondere auch für offensichtlich unbegründet erklären. Dass solche Entscheide mitunter nicht einstimmig, sondern nur mit Mehrheitsentscheid gefällt werden, zeigt, dass das Kriterium der Offensichtlichkeit teilweise recht grosszügig gehandhabt wird.

### b) Beschwerdeverfahren

Eine in Strassburg eingereichte Beschwerde gelangt zunächst an die Kanzlei. Diese unterzieht die Eingabe einer Vorprüfung. Unter Umständen verlangt sie vom Beschwerdeführer zusätzliche Informationen. Werden diese nicht oder nur unvollständig geliefert, kann die Kanzlei die Beschwerde ausscheiden, bevor sie überhaupt an die Richter und Richterinnen weitergeleitet wird. Man spricht hier von sog. administrativen Erledigungen; ca. 13'600 Beschwerden wurden 2013 auf diesem Weg ausgeschieden. Beschwerden, welche diesen Filter passiert haben, gehen an einen der drei Spruchkörper – Einzelrichter, Ausschuss oder Kammer –, je nach der Natur und der Komplexität des Falles.

Wird eine Beschwerde nicht einem der Einzelrichter oder der Dreierausschüsse zugewiesen und von diesen als unzulässig bzw. – im Fall der Ausschüsse – für offensichtlich begründet erklärt, entscheidet eine *Kammer* darüber, ob sie zugelassen werde und bejahendenfalls begründet sei. In der heutigen Praxis des Gerichtshofs erfolgen beide Prüfungen regelmässig in einem Zug, nur noch selten wird über die Zulässigkeit vorweg, in einem separaten Entscheid befunden. Der Staat, gegen den sich die Beschwerde richtet, erhält Gelegenheit, schriftlich Stellung zu nehmen. Das trifft allerdings nur für einen kleinen Teil der Beschwerden zu; die grosse Mehrheit der für unzulässig erklärten Beschwerden wird ohne vorgängige Zustellung an die Regierung erledigt.

Die Konvention sieht in Artikel 39 die Möglichkeit einer sogenannten *gütlichen Einigung* vor. Der Staat kann mitunter ein Interesse daran haben, dem Beschwerdeführer entgegenzukommen, um dem Risiko zu entgehen, dass ihm das Gericht eine Verletzung von Menschenrechten zur Last legt. Ein unproblematisches Beispiel ist der Fall, dass die Gesetzgebung, welche Grundlage der geltend gemachten Konventionsverletzung war, nach Einreichen der Beschwerde geändert hat. Einigen sich die Parteien, wird die Vereinbarung dem Gericht vorgelegt, das sie jedoch nur genehmigt, wenn sie auf der Grundlage der Achtung der Menschenrechte abgeschlossen wurde.

Kommt keine gütliche Einigung zustande, wird die Prüfung der Sache fortgesetzt. Der Sachverhalt wird abgeklärt und alle Beweise erhoben, die nötig scheinen, zum Beispiel den Beschwerdeführer anhören, Zeugen und Sachverständige befragen. Die Parteien können der Beweisaufnahme beiwohnen und Fragen stellen, unter Umständen wird das Gericht zusätzliche schriftliche Angaben verlangen. Meist genügen aber für die Abklärung des Sachverhalts die Unterlagen, welche die Parteien von sich aus eingelegt haben, sodass keine weiteren Vorkehren nötig sind. Nach Abschluss der Ermittlungen findet vor der Kammer eine mündliche Verhandlung statt, sofern sie es von sich aus oder auf Antrag der Parteien für nötig hält. In der Praxis kommen mündliche Verhandlungen vor der Kammer nur selten vor. Die Verhandlung ist öffentlich, auch die Presse hat Zutritt. Unter bestimmten Voraussetzungen kann die Öffentlichkeit ausgeschlossen werden. Die Parteien haben Gelegenheit, ihren Standpunkt darzulegen. Später folgt die Beratung des Gerichts, die geheim ist. Das Urteil wird mit einfacher Mehrheit gefällt. Wenn einzelne Richter mit Urteil und/oder Begründung nicht einverstanden sind, können sie ihre Meinung der Urteilsbegründung beifügen (*opinion dissidente* bzw. *opinion concordante*).

Wie schon erwähnt, gibt es zwei Situationen, in denen die *Grosse Kammer* in Aktion tritt: Eine Kammer kann eine Sache an die Grosse Kammer abgeben, wenn sich eine wichtige Frage der Konventionsauslegung stellt oder wenn eine Abweichung von der bisherigen Gerichtspraxis in Frage kommt. Zweite Variante: Wenn eine Kammer ein Urteil ausgesprochen hat, kann in Ausnahmefällen jede Partei den Antrag stellen, die Sache sei an die Grosse Kammer zu verweisen. Ein Ausschuss von fünf Richtern dieser Kammer nimmt den Antrag an, wenn die Beschwerdesache eine bedeutende Frage der Konventionsauslegung oder eine wichtige Frage von allgemeiner Bedeutung aufwirft. In diesem Fall urteilt die Grosse Kammer als zweite Instanz. Das Verfahren wickelt sich im Wesentlichen wie vor den Kammern ab, mit dem Unterschied, dass vor der Grossen Kammer in aller Regel eine mündliche Verhandlung stattfindet.

*Beschwerden*, die in Strassburg eingereicht werden, haben *keine aufschiebende Wirkung*. Die Kammer oder deren Präsident kann aber auf Antrag oder von Amtes wegen der betreffenden staatlichen Behörde vorläufige Massnahmen bezeichnen, die im Interesse des Beschwerdeführers oder eines ordnungsgemässen Verfahrensablaufs ergriffen werden sollten. Diese Möglichkeit ist nicht in der Konvention selbst, wohl aber in der Verfahrensordnung des Gerichtshofs (Art. 39) vorgesehen. Solche Massnahmen kommen fast ausschliesslich in Ausweisungs- und Auslieferungsfällen in Frage. Wird zum Beispiel in einem Auslieferungsfall in Strassburg eine Beschwerde gutgeheissen, bliebe das Urteil wirkungslos, wenn die Auslieferung schon vorher erfolgt ist. In einem solchen Fall wird die zuständige Strassburger Instanz empfehlen, mit der Auslieferung zuzuwarten, und die staatliche Behörde sollte dieser Empfehlung folgen. Das ist nicht immer der Fall, wodurch der Strassburger Entscheid sozusagen unterlaufen wird. In einer begrüssenswerten Änderung seiner früheren Praxis entschied der Gerichtshof in einem Urteil von 2003, die Empfehlung einer vorläufigen Massnahme sei verbindlich, und der Staat, der sich nicht daran halte, verletze Artikel 34 EMRK, wonach die staatlichen Behörden die wirksame Ausübung des Beschwerderechts nicht verhindern dürfen.

Es kann ausnahmsweise vorkommen, dass nach der Meinung einer Partei Sinn und Tragweite eines schriftlich begründeten Urteils nicht ganz klar sind. Dann kann die Partei beim Gericht die *Auslegung* des Urteils verlangen.

Wenn nach der Beurteilung einer Beschwerdesache eine Tatsache bekannt wird, die einen entscheidenden Einfluss auf den Prozessausgang hätte haben können und die weder dem Gerichtshof noch einer Partei bekannt war, so kann eine Partei die *Revision* des Urteils verlangen. Das Gericht kann im Wiederaufnahmeverfahren das frühere Urteil aufheben und die Sache neu beurteilen.

In allen Verfahren werden die Kosten des Gerichtshofs vom Europarat getragen. Auch wenn das Begehren einer Partei abgewiesen wird, werden ihr keine Gerichtskosten auferlegt.

### c) Entschädigung bei Gutheissung einer Beschwerde

Stellt der Gerichtshof fest, dass die Konvention verletzt wurde, kann er dem Beschwerdeführer zu Lasten des betroffenen Staates eine «*gerechte Entschädigung*» zusprechen. Das geschieht nur auf Begehren hin und wenn es unter dem Gesichtspunkt der Billigkeit notwendig ist. Der Beschwerdeführer kann Ersatz des materiellen Schadens verlangen, der durch die Konventionsverletzung verursacht wurde, etwa wenn ein zu Unrecht Verhafteter einen Erwerbsausfall erlitt. Entschädigung kann auch als Ersatz des immateriellen Schadens beansprucht werden. Oft verschafft aber bereits die Gutheissung der Beschwerde und die Publikation des Urteils die nötige Genugtuung. Mehr und mehr spricht der Gerichtshof aber auch unter diesem Titel eine finanzielle Entschädigung zu. Der Beschwerdeführer kann schliesslich Ersatz der Kosten und Auslagen verlangen, die ihm in den Verfahren entstanden, in denen er sich über die Konventionsverletzung beklagte. Die Anwaltskosten des nationalen und des Strassburger Verfahrens sind zu ersetzen, ferner die Auslagen (Reisekosten usw.), die dem Beschwerdeführer entstanden. Der Gerichtshof setzt dem betroffenen Staat eine Frist, binnen welcher die Entschädigung zu bezahlen ist.

## *3. Wirkung der Urteile des Gerichtshofs*

Wenn eine kantonale Behörde zum Beispiel eine Versammlung verbietet und das Bundesgericht eine gegen den Entscheid erhobene Beschwerde wegen Verletzung der Versammlungsfreiheit gutheisst, hebt es den angefochtenen kantonalen Entscheid auf. Die Beschwerde hat kassatorische Wirkung. Bei der Beschwerde, die in Strassburg eingelegt wird, verhält es sich nicht ganz gleich. Der Gerichtshof kann im Fall der Gutheissung der Beschwerde den konventionswidrigen nationalen Entscheid oder die konventionswidrige Gesetzesvorschrift nicht aufheben. Aber das Strassburger Urteil ist trotzdem nicht eine blosse Empfehlung, sondern für den betroffenen Staat *verbindlich*. Die der EMRK angeschlossenen Staaten sind verpflichtet, in allen Beschwerdesachen, in denen sie beteiligt sind, das Urteil des Gerichtshofs zu befolgen. Ergibt sich zum Beispiel aus dem Strassburger Urteil, dass eine nationale Gesetzesvorschrift der Konvention widerspricht, hat der betreffende Staat das Gesetz zu ändern. Wurde ein Verein in Verletzung der Konvention verboten, soll das Verbot aufgehoben werden. Vor allem hat der Staat dafür zu sorgen, dass sich die Konventionsverletzung nicht wiederholt. Vielleicht ist es im Einzelfall nötig, die untern Behörden darauf hinzuweisen, dass sie dem Strassburger Urteil entsprechend ihre Praxis ändern müssen. Nach dem Wortlaut der EMRK muss nur der am Beschwerdeverfahren beteiligte Staat das Urteil befolgen. Praktisch hat aber ein Urteil für alle der EMRK angeschlossenen Staaten Bedeutung, denn die Auslegung der Konvention durch den Gerichtshof gilt für alle Vertragsstaaten gleichermassen. Als zum Beispiel in einem belgischen Fall die Doppelfunktion Untersuchungsrichter/Sachrichter als konventionswidrig bezeichnet wurde, mussten auch in der Schweiz die gleichartigen Vorschriften aufgehoben werden (vorn S. 20).

Das Urteil des Gerichtshofs wird dem Ministerkomitee zugestellt, das den Vollzug zu überwachen hat. Oft teilt der betroffene Staat dem Komitee selber mit, was er in Vollzug des Urteils unternommen hat, sonst holt das Komitee einen entsprechenden Bericht ein. Wurde dem Beschwerdeführer eine Entschädigung zugesprochen, kontrolliert das Komitee, ob sie ausgerichtet wurde.

### 4. *Vom Gerichtshof festgestellte Konventionsverletzung als innerstaatlicher Revisionsgrund*

Wie ausgeführt, kann der Strassburger Gerichtshof mit seinem Urteil einen konventionswidrigen nationalen Entscheid nicht aufheben. Das kann gelegentlich zu Schwierigkeiten im Vollzug führen. Es kommt zum Beispiel vor, dass ein Straf- oder Zivilurteil, das nach dem Strassburger Entscheid mit der EMRK nicht vereinbar ist, in Rechtskraft erwachsen ist, sodass es an sich nicht mehr rückgängig gemacht werden könnte. Um dieser Schwierigkeit aus dem Weg zu gehen, hat die Schweiz – wie heute die Mehrheit der Staaten – einen besonderen Revisionsgrund eingeführt.

Nach Artikel 122 des Bundesgesetzes über das Bundesgericht kann die Revision eines bundesgerichtlichen Urteils verlangt werden, wenn der Strassburger Gerichtshof in einem endgültigen Urteil festgestellt hat, dass die EMRK oder die Protokolle dazu verletzt worden sind. Man kann die Revision nur verlangen, wenn sie notwendig ist, um die Verletzung zu beseitigen. Es gibt innerstaatliche Entscheide, die korrigiert werden können, ohne dass der Umweg über die Revision eingeschlagen werden muss. Die Revision ist ferner nicht zu gestatten, wenn eine Entschädigung geeignet ist, die Folgen der Konventionsverletzung auszugleichen. Das ist vielfach der Fall, oft kann ein Nachteil nicht anders als durch Entschädigung ausgeglichen werden. Wer die Revision wünscht, muss ein Gesuch einreichen, und zwar innerhalb von 90 Tagen von dem Tag an, an dem das Strassburger Urteil endgültig wurde.

Für Entscheide, die nicht vom Bundesgericht, sondern von einer andern Behörde des Bundes ausgehen, ist die Revision in andern Bundesgesetzen vorgesehen.

## V. Statistik

### *1. Gegen die Schweiz erhobene Beschwerden*

Die EMRK trat für die Schweiz Ende 1974 in Kraft. In den ersten 13 Jahren, d.h. bis Ende 1987, wurden in Strassburg gegen unser Land 500 Beschwerden eingereicht, durchschnittlich etwa 38 pro Jahr[5]. Das änderte sich eindeutig von 1989 an, von da an gingen bis 2001 zwischen 100 und 200, seit 2001 mit einer Ausnahme immer über 200 Beschwerden ein. Im Jahr 2013 wurden 445 neue Beschwerden registriert, was nach 2009 (471) die bisher höchste Zahl war. Insgesamt wurden von 1974 bis Ende 2013 gegen unser Land *5'940* Beschwerden eingelegt.

Wie wurden sie erledigt? Vorerst zwei kleine Zahlen: 25 Beschwerden wurden aus dem Register gestrichen, weil das Interesse des Beschwerdeführers weggefallen war oder sich

[5] Es wird hier stets die Zahl der einem Entscheidorgan zugewiesenen (registrierten), nicht der bei der Kanzlei eingereichten Beschwerden angegeben (vorn S. 84 f.).

die Prüfung der Sache aus anderen Gründen erübrigte; 11 endeten mit einer gütlichen Regelung. Die Hauptsache: In den 5'940 Beschwerdefällen, soweit sie heute (Stand August 2014) bereits entschieden sind, wurde die Schweiz 97 Mal verurteilt, was einem Verhältnis von 1,63% entspricht. Die andern etwa 5'850 Beschwerden wurden als unzulässig erklärt oder abgewiesen. In den Medien wird hin und wieder von Strassburger Entscheiden in Schweizer Fällen berichtet, und wenn man sich das vor Augen hält, kann es vielleicht etwas erstaunen, dass es nur in so wenigen Fällen zu einer Verurteilung kam. Fast immer sind die Fälle am interessantesten, in denen der Strassburger Gerichtshof eine Konventionsverletzung beanstandet, und es leuchtet durchaus ein, dass die Medien nur über sie informieren, während die grosse Überzahl der erfolglosen Beschwerden verständlicherweise unerwähnt bleibt. So kann der falsche Eindruck entstehen, die Schweiz werde verhältnismässig oft verurteilt.

Einige wenige Beispiele, die hier teilweise schon zur Sprache gekommen sind, mögen zeigen, was etwa der Schweiz zur Last gelegt wurde. In den meisten Fällen, in denen es zu einer Verurteilung kam, wurde der Schweiz ein Verstoss gegen Artikel 6 (Recht auf ein faires Verfahren) vorgeworfen. So wurde etwa eine Verletzung des Grundsatzes der Unschuldsvermutung, der Waffengleichheit, einer zu langen Verfahrensdauer, die Verweigerung der Akteneinsicht und des Replikrechts beanstandet, ferner der Vorwurf erhoben, in einem gegen einen Anwalt geführten Disziplinarverfahren sei der Grundsatz der Öffentlichkeit der Verhandlung missachtet worden oder ein Gericht habe nicht als unabhängig und unparteiisch gelten können. Im Rahmen des Artikels 5

(Recht auf Freiheit) kritisierte der Gerichtshof zum Beispiel, dass die Haftprüfung nicht zeitgerecht geschah, ein Auslieferungsverfahren zu lange dauerte, Haftrichter und Ankläger dieselbe Person waren, ein Verhafteter nicht richtig informiert wurde. Als Verstoss gegen Artikel 8 (Achtung des Privat- und Familienlebens) bezeichnete es das Gericht, dass der Brief eines Anwalts nicht an seinen verhafteten Klienten weitergeleitet oder das Telefon eines Anwalts zu Unrecht abgehört wurde; andere Fälle betrafen den Namen eines Ehemannes, die Adoption im Konkubinatsverhältnis, die Rückgabe eines entführten Kindes oder die Ausweisung oder Nichtverlängerung einer Aufenthaltsbewilligung ausländischer Personen. Mehrfach beklagten sich Journalisten mit Erfolg über eine Verletzung des Artikels 10 (Meinungsfreiheit), was zeigt, welch hohen Stellenwert der Strassburger Gerichtshof der Pressefreiheit beimisst. Die bisher einzige der Schweiz zur Last gelegte Verletzung des Artikels 2 (Recht auf Leben) betraf die mangelhafte Untersuchung eines Todesfalls (vorn S. 11).

Wie ausgeführt, wurden 2013 gegen die Schweiz 445 Beschwerden eingereicht. Zum Vergleich die Zahlen einzelner anderer Länder: Liechtenstein 7, Finnland 315, Österreich 437, Grossbritannien 912, Italien 3'184, Deutschland 1'528, Frankreich 1'538, Türkei 3'521, Tschechische Republik 481, Rumänien 5'422, Russland 12'330.

### 2. *Strassburger Beschwerdezahlen*

Noch stärker als die Zahl der gegen die Schweiz erhobenen Beschwerden erhöhte sich im Lauf der Jahre die Gesamtzahl der in Strassburg eingereichten Beschwerden. Von 1955 bis

1991 gingen 19'216 Beschwerden ein, rund 534 pro Jahr. Die Zahlen stiegen rapid an: 1993 2'037, 1996 4'758, 2000 10'500, 2005 35'400, 2010 61'300, 2013 65'900. Das sind, wie früher erwähnt (S. 61), immer nur die registrierten Beschwerden; bei der Kanzlei wurden zum Beispiel 2013 zusätzlich noch 13'600 Beschwerden erhoben, die nicht oder noch nicht einem der Spruchkörper zugewiesen wurden. Die Gesamtzahl der registrierten Beschwerden (1955–2013) beträgt 644'357. In dieser Periode wurden 22'764 Urteile gefällt, 518'630 Beschwerden wurden für unzulässig erklärt oder aus dem Register gestrichen. Die massive Zunahme der Geschäftslast seit Beginn der neunziger Jahre ist vor allem mit dem Beitritt der Staaten aus Mittel- und Osteuropa zu erklären. Der Höchststand der hängigen Beschwerden war Ende 2011 erreicht, damals warteten mehr als 160'000 Beschwerden auf ihre Erledigung. Auch wenn es seither gelungen ist, diese Zahl auf unter 100'000 zu reduzieren – dies vor allem dank des Einsatzes der Einzelrichter –, geht die Diskussion über eine langfristige Reform des Strassburger Kontrollverfahrens weiter. Schon in einem 2002 gehaltenen Referat (EuGRZ 2002, S. 569) bezeichnete Luzius Wildhaber, der damalige Präsident des Gerichtshofs, die Geschäftslast als besorgniserregend und übermässig hoch. Auch wenn man bedenkt, dass mit der Erhöhung der Zahl der Mitgliedstaaten auch die Zahl der Richter entsprechend anstieg, ist der Gerichtshof nach wie vor stark überlastet. Wildhaber schlug in dem erwähnten Referat eine neue Ordnung in dem Sinn vor, dass sich der Gerichtshof auf wichtige, richtungsweisende Grundsatzentscheide konzentriere, und der Präsident fügte die Frage bei, ob es nicht ratsamer wäre, dass das Gericht weniger Urteile ausspreche, diese aber schnell fälle und ausführlich begründe, damit die darin festgelegten Grundsätze der Rechtsprechung von einer derartigen Klarheit seien, dass sie de facto für alle verbindlich wären. Auch andere Vorschläge waren und sind in Diskussion, etwa die Einführung regionaler Kammern des Gerichtshofs, die Einführung von Gerichtskosten oder die Möglichkeit, Staaten, welche sich weigern, Urteile des Gerichtshofs effizient umzusetzen, mit Sanktionen zu belegen.

# Literatur, Fundstellen, Internet

1. Literatur
(nur schweizerische EMRK-Handbücher)

HOTTELIER/MOCK/PUÉCHAVY, La Suisse devant la Cour europénne des droits de l'homme, 2e édition, Genève, Zurich, Bâle 2011.

MARK E. VILLIGER, Handbuch der Europäischen Menschenrechtskonvention (EMRK), 2. Auflage, Zürich 1999.

ARTHUR HAEFLIGER/FRANK SCHÜRMANN, Die Europäische Menschenrechtskonvention und die Schweiz, 2. Auflage, Bern 1999.

2. Fundstellen
SR = Systematische Sammlung des Bundesrechts

| | |
|---|---|
| Bundesverfassung der Schweizerischen Eidgenossenschaft | SR 101 |
| Bundesgesetz über das Bundesgericht | SR 173.110 |
| EMRK | SR 0.101 |
| Verfahrensordnung des Europäischen Gerichtshofs für Menschenrechte | SR 0.101.2 |

3. Internet
EGMR = Europäischer Gerichtshof für Menschenrechte

Systematische Sammlung des Bundesrechts (SR)

http://www.admin.ch/ch/d/sr/sr.html

Text EMRK

http://www.admin.ch/ch/d/sr/c0_101.html

Quartalsberichte des Bundesamtes für Justiz über die Rechtsprechung des EGMR (seit 2008)

https://www.bj.admin.ch/content/bj/de/home/themen/staat_und_buerger/menschenrechte2/rechtsprechung-des-egmr.html

Urteile des Schweizerischen Bundesgerichts (BGE)

http://www.bger.ch/jurisdiction-recht

EGMR – Homepage auf Englisch und Französisch

(Gerichtshof, EMRK, Verfahrensordnung, Protokolle, Rechtsprechung HUDOC, Jahresberichte, hängige Fälle etc.)

http://www.echr.coe.int/echr/

EGMR – Ausgewählte Informationen auf Deutsch

http://www.echr.coe.int/Pages/home.aspx?p=applicants/deu&c=fra

Datenbank HUDOC (Human rights documentation) – mit allen Urteilen

http://hudoc.echr.coe.int/sites/fra/Pages/search.aspx#

Fundstellenverzeichnis: Urteile und Entscheidungen des EGMR in deutscher Sprache

http://www.egmr.org/

Formular «Beschwerde»

http://www.echr.coe.int/ECHR/EN/Header/Applicants/Information+for+applicants/Application+form/

Homepage des Österreichischen Instituts für Menschenrechte (mit Anleitungen zur Beschwerdeführung, Beschwerdeformular, Verfahren)

http://www.menschenrechte.ac.at/

# Stichwortverzeichnis

# In dieser Reihe bereits erschienen:

Markus Müller
**Verwaltungsrecht**
ISBN 978-3-7272-1740-1

Markus Müller
**Droit administratif**
ISBN 978-3-7272-1741-8

Günter Stratenwerth
**Freiheit und Gleichheit**
ISBN 978-3-7272-1742-5

Etienne Grisel
**Droits fondamentaux**
ISBN 978-3-7272-1743-2

Pierre Tschannen
**Systeme des Allgemeinen Verwaltungsrechts**
ISBN 978-3-7272-1745-6

Hansjörg Seiler
**Praktische Rechtsanwendung**
ISBN 978-3-7272-1746-3

Paul Richli
**Welche Aufgaben soll der Staat erfüllen?**
ISBN 978-3-7272-1747-0

Etienne Grisel
**Gouvernement suisse**
ISBN 978-3-7272-1748-7

Erwin Murer
**Schweizerisches Sozialversicherungsrecht**
ISBN 978-3-7272-1749-4

Markus Müller
**Psychologie im öffentlichen Verfahren**
ISBN 978-3-7272-1750-0

Roland Bieber
**Das Recht der europäischen Integration**
ISBN 978-3-7272-1751-7

Peter V. Kunz
**Rundflug über's schweizerische Gesellschaftsrecht**
2. Auflage
ISBN 978-3-7272-1754-8

Jörg Paul Müller
**Perspektiven der Demokratie**
ISBN 978-3-7272-1753-1

Markus Müller
**Verhältnismässigkeit**
ISBN 978-3-7272-1755-5

Peter V. Kunz
**Kreuzfahrt durch's schweizerische Finanzmarktrecht**
ISBN 978-3-7272-1756-2

Arthur Haefliger/Frank Schürmann
**Die Europäische Menschenrechtskonvention und die Schweiz**
2. Auflage
ISBN 978-3-7272-1757-9